スピリチュアル
タブー・ブック

スピリチュアリスト
江原啓之

⛩ はじめに

霊的な現象にまつわる噂、あるいは巷に流布されている噂は、玉石混淆で「ただの迷信」というものもあれば、そこに霊的な示唆がこめられているものもあります。

しかし、「どれが正しくてどれが間違いか」という基準が曖昧で、まことしやかに、「○○をすると呪われる」とか「○○をしないと寿命が縮まる」といったような〝脅し〟がささやかれていたりするようです。なかには、占い師や霊能力者と名乗る人に、お祓いしないと不幸になるなどと言われ、高額な物品を購入するなどしたという被害もあるそうです。この本は、そうしたことに惑わされないようにと、警鐘を鳴らす一冊でもあります。

スピリチュアリストというと、すべて霊的な現象に結びつけると思われるかもしれませんが、私はそうではありません。

過去には「私は何かにとりつかれているのでは？」と相談する人もいましたが、霊的な現象でない場合は、「それはただの思い込みです」というふうに、いたって現実的にお答えしていたのです。最近のように、スピリチュアルな事柄に注目が集まっていると、なんでも「霊現象だ」と決めつけたがる傾向があるのかもしれません。しかし、そうした例はまれですし、自分の波長を高めてさえいれば、霊障に惑わされることもありません。

迷信を恐れ「不幸になったらどうしよう」と不安に思うその気持ちのほうがよほど問題です。波長が下がった心に、未浄化霊が近づいてしまうことはありえるからです。忘れないでください。私たちは、現実の世界を生きています。霊的な世界主体で生きるのではなく、あなた自身が主人公です。今回は、皆さんが惑わされがちな「タブー」を集め、それが迷信か真実かを分析しています。

また、付録としてお祓いＣＤもつけています。闇雲に不安になって怖がるくらいなら、このＣＤにこめられた音霊《おとたま》を流し、浄めてください。これは、単なるおまじないではありません。あなた自身の「現世での旅」を応援するサプリメントです。

噂に惑わされることなく、人生を責任主体で楽しみ、たましいを輝かせて生きてほしいと思います。

江原啓之

スピリチュアル タブー・ブック 目次

第三章 スピリチュアルなタブー PartI 75

第四章 スピリチュアルなタブー PartⅡ 107

特別付録

江原啓之の音霊がたましいを癒す

『お祓いCD』の使い方

場を浄めたいとき、ネガティブなエナジーをお祓いしたいとき、いやな気分を断ち切りたいとき、癒されたいときなどに聴くといい音霊、言霊《ことたま》を収録しました。それぞれの言葉を「どういう意味だろう?」と気にするのではなく、"エナジー"として受けとめましょう。毎朝出かける前、夜寝る前などに、ひととおり流して聴くなど、使い方はあなた次第です。

---

1 祓詞《はらいことば》

大祓詞を略したもの。1の祓詞、2の大祓詞ともにお祓いの意味があり、忙しい朝などは1だけでも聴くといいでしょう。

---

2 大祓詞《おおはらいことば》

お祓いのエナジーがあります。不吉なこと、いやなこと、ショックなことがあったときなどに流すといいでしょう。

---

3 観音経《かんのんきょう》 諸真言《しょしんごん》

観音経は、先祖霊や、身近な人の霊を供養したいときなどに聴いてもいいでしょう。いやな気を断ち切るときにも。観音経の後には、私の好きな五種類の真言が入っています。この言葉がすべてでもありませんが、ご参考までに紹介しました。

---

4 鈴《すず》の音《ね》

神楽鈴の音です。疲れたとき、寝る前に癒されたいとき、お浄めしたいときに。

《注意》

・パソコンのCD-ROMドライブがスロットインタイプ(吸い込み型)の場合、CDが入らない場合があります。また、パソコンが「立て置き・横置き」両用タイプの場合、立て置きしたままでは、中央にCD装着用の丸い突起がないとCDが滑り落ちてしまうことがあります。その場合、横置きでお使いください。

・8cmCDの取り扱いについては、お手持ちのCDプレーヤー、パソコンの取扱説明書をご覧ください。別売りのアダプター等が必要な場合があります。

Taboo about
luck & legend

第一章

縁起・言い伝えにまつわるタブー

昔から、縁起がいいとか不吉と
言われている言い伝え、年中行事や
厄年にまつわるタブーは、ほんとうに
“やってはいけないこと”なの?

〈タブーの判定〉

○ スピリチュアル的に真実なタブー

△ 真実とも迷信ともいえないタブー

× 信じる必要のない迷信的なタブー

タブー
Taboo
01

「4」や「9」や「13」がつく部屋番号は縁起がよくない

お答え

×

まったく気にしなくても大丈夫。注目すべきは、自分に縁のある数字。この数字に出会ったら、いまあることを「必然」と受けとめて。

旅先のホテルなど、使う部屋の番号が自分の好きな番号だったときは嬉しいものです。

逆に、部屋番号の数字に4や9があるときは、「死」や「苦」に通じて「縁起でもない」と感じるかもしれません。13もキリスト教では忌むべき数字とされ、嫌われがちです。

しかしスピリチュアルな視点から言うと、どれもいっさい気にしなくて大丈夫。「こんな番号にあたるなんて不吉だなあ」と気にして波長を下げることのほうが、よほどタブーです。

私などは逆に、4という数字が大好きです。8も好き。好きなだけでなく、何かと縁のある数字でもあります。みなさんにもないでしょうか、「またこの数字だ」「やたらこの数字と縁があるなあ」と思うような数字が。

そういう数字は、いわば「自分のナンバー」。あなたのたましいに縁の深い数字なのです。これは一人ひとり違い、どの数字が吉で、どれが凶というのはありません。また、それが単純に「ラッキーナンバー」だというわけでもありません。

「自分のナンバー」は、「あなたにとってこれは大事な意味のあることですよ」ということを知らせてくれる数字です。その数字と出くわしたときは、目の前にあることを「これはいまの自分にとって必要なことだったんだ」と受けとめてください。「自分のナンバー」は、スピリチュアルな導きの暗示なのです。

たとえば旅先のホテルの部屋番号に「自分のナンバー」が入っていたら、「この旅行には、誘われて何となく来たけど、実は必然だったんだ」ととらえる。そのようなことを続けていくと、あなたのスピリチュアルな導きに対する感性は、よりいっそう磨かれていくでしょう。

また、自分のナンバー以外にも「ゾロ目」をよく見るということもあるでしょう。そんなときは、インスピレーションが冴えています。「何かあるのか?」と結びつけて悪く考える必要はありません。

タブー
Taboo
02

二度あることは三度ある

お答え

×

二度続いたことは、スピリチュアルな警告的メッセージと受けとめて。早いうちに軌道修正しないと、三度めが来てしまうかもしれません。

同じことが二度続くときがあります。ポジティブなことならいいけれど、ネガティブなことだったら要注意。それはスピリチュアルな警告的メッセージかもしれず、もしそうなら三度めはより明確なかたちでやって来る可能性が高いからです。

たとえば街で、向こうから歩いてきた人にぶつかるということが二度続いた。そんなときは、「このごろ注意力散漫ですよ。この調子だと大きなトラブルが起きますから重々注意しなさい」というメッセージを守護霊が伝えてきているのかもしれません。それが現実とならないよう、気を引きしめたいものです。

ほんとうは一度めの段階でメッセージに気づくのが理想です。そうすれば「最近ぼーっとしているから人とぶつかったりするんだ。気をつけよう」

と、二度め以降を未然に防げます。

二度にもわたる警告に気づかないのは、線路の上をふらふら歩いていて、接近してくる列車に二度も警笛を鳴らされているのに、どこうとしないのと同じようなものです。メッセージを送る側は、さぞもどかしい思いをしていることでしょう。

「二度あることは三度ある」という格言は、言葉どおりの意味ではなく、このように「二度あったことは三度起きないようにしましょう」と解釈するのが賢明なのだと思います。

似た言葉に「三度目の正直」があります。これはまた意味が違い、努力を重ねていくことによって、やがては成就するという意味です。

一度や二度の失敗にめげず、逆にそこから学びとりつつ努力を続ければ、「カルマの法則」で三度めには成就するということです。実際は四度め、五度め、十度めにようやく成就となる場合もあるでしょう。要は、くじけない心の大切さを言っている言葉なのだと思います。

一度めや二度めの失敗は、成功を支えるヒントにもなります。「三度目の正直」という言葉は、無駄な努力はないことも示しているようです。

タブー
Taboo
03

掃除をしない家には災いが起こる

お答え

○

掃除は、家族の幸せと平安を願う愛情を家中に行きわたらせる行為です。念をこめた掃除こそ、幸せを呼び、災いを遠ざける秘策なのです。

掃除をまめにしている家は、幸せを引きよせるだけでなく、不要な災難からも守られます。掃除をする第一の目的は、もちろん汚れを落とし、きれいにすることですが、見えない部分では「幸せを呼び込みやすい家になる」という効果もあるのです。

これには私たちの「オーラ」が関係しています。よその家や旅先の宿など、ふだん慣れ親しんでいない場所では、なかなか気分が落ち着かないものですよね。一番くつろげるのはやはり自分の家。それは、長年そこで暮らす自分や家族のオーラが付着しているからです。

オーラは、ただその家に住んでいるだけでも付きますが、掃除はよりいっそう意識的かつ能動的に、オーラを家に付着させる行為です。掃く、拭く、磨くという動作とともに、壁や床の隅々にオーラが行きわたり、それが家を災いから守るバリアとなるのです。このことを私は、動物のマーキングになぞらえて「オーラマーキング」と呼んでいます。

ただし漫然と掃除していたのでは、強いバリアは張れません。「この家を大切にしよう！」「家族みんなで幸せになろう！」という念をこめることが大切なのです。その思いはオーラとともに家に充満し、幸運を呼び込む力となります。

逆に、「こんな家、出て行ってやる！」「うちはなんて不幸な家族だろう」などというネガティブな思いで掃除すると、見た目はきれいになっても、かえって不運を引きよせてしまいます。

その点さえ気をつけられれば、掃除はできるだけ自分たち家族の手でしたほうがよさそうです。家事代行業者などに外注すると、たまたま担当者がネガティブな気分だったときに、そのネガティブな波長の影響を被ってしまうかもしれません。外注する場合は、ときどき家族の誰かが軽くでも全体をさっと拭き、家族愛のオーラをマーキングしておくようにするといいでしょう。

タブー
Taboo
04

「北枕で寝る」「鬼門に便所」はタブー

お答え

×

どちらも昔の日本人が編み出した生活の知恵です。現代の住宅に住まう私たちは基本的に気にしなくても大丈夫。

枕を北側にして寝るのはよくない。鬼門（北東の方角）に便所を作るのはよくない。どちらの言い伝えも、ご存じの人は多いでしょう。

これらはスピリチュアルなこととは関係ありません。昔の日本人が編み出した生活の知恵であり、方便だったのです。

北枕がいけないとされたのは、昔の木造家屋にはすきま風が入りやすかったためです。気密性の高い現代のサッシ窓と違い、昔の木枠の窓からは、特に冬には冷たい北風が入り込み、そちらに頭を向けて寝ていると風邪をひきやすかったのです。その予防策として北枕を避けたのでしょう。

逆転の発想で、北枕にすると「頭寒足熱《ずかんそくねつ》」になるため、頭痛持ちの人にはむしろ北枕がいいという説もあります。また、亡くなった人の遺体を北枕で安置するのは、冷たい風を当てることで、遺体が傷むのを遅らせるためだったようです。

スピリチュアルな視点で見ても、北というのは尊い方角です。北枕を避けるどころか、わざわざ北枕にしてもいいくらいです。

昔の人が鬼門に便所を作るのを避けたのも、北

東は陽当たりが悪く、ジメジメして匂いがこもりやすかったからだったのでしょう。水洗トイレができるまでは、匂い対策もさぞ切実だったことと思います。また、昔の住宅では、冬場、北風が吹いて寒いため、北東を避けたのかもしれません。

このふたつの例のように、家相のタブーとして伝えられているもののなかには、昔の生活から生まれた知恵も多いのです。現代の大都市の高層マンションのような、自然の風が入らない建造物には、あまりあてはまらないと考えてよさそうです。

とは言え、「鬼門」とか「裏鬼門」といったものもあながち迷信とは言いきれません。負のエナジーの通り道になりやすいことはたしかなようです。私自身、鬼門や裏鬼門（南西の方角）に玄関を作らないほうがいいという考えには賛成です。

タブー
Taboo
05

黄色い財布を持つとお金が貯まる

お答え

×

自分が積み上げてきた努力を開花させるパワーにはなりますが、黄色い財布を持つだけで幸せが来ることはありません。

色にはパワーがあり、運を呼び込む力を発揮するのはほんとうです。黄色い財布を持ち始めてからお金が貯まることも、実際あるかもしれません。

けれども、何の努力もなしに黄色い財布を持つだけでお金が貯まることはまずありません。自分なりに努力を積んでいることが大前提です。

わかりやすくたとえてみます。自分自身の努力を「種」としましょう。この種が発芽して花を咲かせるには、自然の雨だけでも一応大丈夫です。でもジョウロで水を与えれば、花の咲きぐあいもよりいっそうよくなります。黄色い財布を持つことは、この「ジョウロの水」にあたります。努力をより実りやすくする力にはなるでしょう。

ここで注意したいのは、「種」があれば自然に花は咲くけれど、「ジョウロの水」だけでは花は咲かないということ。同じように、努力すればお金は貯まりますが、努力もせずに黄色い財布を持つだけでは何も得られないのです。

世間にあふれている開運グッズ全般に、同じことが言えます。パワーストーンも、赤いパンツも、あくまでも「サプリメント」にすぎません。よい画数の名前というのも同様です。それらのパワーを借りるのは自由ですが、「種」となる具体的な行動や努力を忘れてはいけません。

もちろん世の中には、何の努力もなしに大金を手にする人もいます。羨ましく思われがちですが、これはむしろ危険です。P27に「大きなプラスを先に得ると、その分、あとで大きな負荷がかかってきやすい」と書いたように、自分の身の丈をはるかに超えた幸運を先に手にすると、代償として別の大切な何かを失いやすいのです。このことを美輪明宏さんは「正負の法則」と呼んでいます。

何かを得たいなら、その前に、それを得るに値する自分になることです。努力の結果として得たものは決して失われません。一番信用できるたしかなものは、自分自身の努力なのです。

タブー
Taboo
06

仏滅の日に、結婚などの祝い事をしてはいけない

お答え
×

ひとつの占いの判断にすぎないので、とらわれなくても大丈夫。ただし少しでも気になるなら避けたほうがのちのためかもしれません。

「仏滅」とか「大安」というのは、「六曜」という一種の吉凶占いから来ています。カレンダーによく書いてあるので目にする機会は多いと思いますが、たくさんある占いのひとつですし、とらわれる必要はないと私は考えます。

それでも結婚式には大安の日を選ぶのがよく、仏滅に催すなんて縁起でもないというのが、いまでも一般的な意見でしょう。そのせいか仏滅の日は、どの結婚式場も希望するカップルが少なく、料金設定も低くなっているようです。そこに目をつけ仏滅の日に安く挙式するカップルもいて、それはそれで問題ありませんし、ある意味では合理的な選択と言えそうです。

ただし少しでも六曜が気になる人は、仏滅を避けたほうがいいかもしれません。仏滅に結婚したことへのネガティブな思いがどこかに残ってしまうと、あとで影響が出てくる可能性があるからです。「私たちは仏滅に結婚したからだめなんだ」という思いにとらわれるのは一番避けたいこと。ネガティブな思いこそ最大のタブーです。

Taboo《タブー》 07

ツバメが巣をかけるとその家は栄える

お答え

○

ツバメはスピリチュアルな感覚を持つ生きもののひとつ。巣をかけるときはエネルギーの強い場所を選んでいます。

家の軒先に鳥の巣を作られるのは迷惑なことかもしれませんが、スピリチュアルに見るととてもいいことです。たとえばツバメが巣をかける家は繁栄することが多いようです。ただし因果関係を誤解しないこと。ツバメが巣を作った結果、その家が栄えるのではありません。パワフルなエネルギーを持つ家にツバメが反応し、「ここにしよう」と決めて巣を作るのです。

ツバメに限らず動物はスピリチュアルな感覚が優れています。「カラスが鳴くと死者が出る」ということも実際あるようです。

タブー
Taboo
08

家を新築すると死人が出る

お答え

×

新築が原因で死ぬことはありません。「地鎮祭」を欠かさなかったか、「分相応」な買いものだったか、まずふり返ってみてください。

家を建ててすぐに家族の誰かが亡くなる、病気になる、家族が不和になるということは、意外と珍しくないことです。原因は主に3つあります。

ひとつは「地鎮祭」をきちんと行わなかった場合。土地や家を買うと、人間は「ここは自分のもの」と考えがちですが、スピリチュアルな視点では違います。どの土地にも、そこを昔から守る自然霊（P128参照）がいて、人間はそこに住まわせていただく立場なのです。ですから土地の自然霊には「ここに家を建てさせていただきます。よろしくお願いします」というご挨拶が必要。「地鎮祭《じちんさい》」の意味はそこにあります。地鎮祭をお祓いと勘違いしている人は多いようですが、そうではなく、土地の自然霊に共存共栄を願う儀式なのです。この基本的なマナーを欠くと、事故や病気などのトラブルが起きることもあるようです。

ふたつめは、**自分たちには分不相応な、立派すぎる家を建てた場合**。人生というのは、あまりにも大きなプラスを先に得てしまうと、その分、あとで大きな負荷がかかってきやすいのです。

分不相応な買いものが苦しみを生むことは、現

実だけ考えても不思議はないでしょう。大きな借金を返すために一家の主が働きすぎて健康を損ねたり、倹約、倹約で家族仲までぎくしゃくしたり。立派な家が周囲の妬みを買うこともあります。

では、地鎮祭もちゃんとしたし、身の丈に合った買いものだったはずなのに、新築後、一家の主などが亡くなった場合はどうなのでしょう。

「何かの祟り?」と思うかもしれませんが、ほとんどの場合、**「寿命」**です。人は死期が近づくと、頭では無自覚でも、たましいが気づきます。そこで「飛ぶ鳥あとを濁さず」という意識が働き、家族に新しい家を遺そうと思うのです。つまり家を建てたのは、あの世へ帰る準備の一環。寿命なのですから、いたずらに悲しまず、亡き人の置きみやげとなった家に感謝し、大切に住まいたいものです。

タブー
Taboo
09

厄年には神社で厄祓いをしないと災いが起きる

お答え

×

厄年は、健康に注意すべき年。神社でお祓いしてもらうのはいいことですが、それを欠かしても災いが起こるわけではありません。

厄年を、災いが降りかかりやすい年と解釈している人は多いようです。しかし実際はそういう意味ではありません。

厄年とは「健康に注意の年」です。昔から厄年とされてきた男性の42歳、女性の33歳という年齢は、身体的にもちょうど変わりめにあたるため、何かと体調を崩しやすいのです。

そうは言っても現代は昔と比べ、食事をはじめとする生活環境がかなり違いますから、身体の変わりめにあたる年齢域、いわゆる「更年期」は、後ろに大きくずれてきています。このことも知っておきつつ、厄年の前後は健康に重々注意してすごすようにしましょう。人間ドックで全身の健康状態をチェックしてもらうこともおすすめです。

厄年は「結果が出る年」でもあるので、その数年

前から気をつけてすごせば万全でしょう。
　以上でおわかりのように、厄年に神社で厄祓いを受けなかったせいで災いが起きるということはありません。ただ、厄年という節目に、神社に詣でて健康を祈願するのはいいことですし、長年ためてきた古いエナジーを、お祓いできれいに浄化してもらうのもいいと思います。
　厄年を元気に乗り越えるポイントは「丹田《たんでん》」を鍛えることです。丹田とは、全身のなかでも特別に重要なツボで、男性はおへその5センチぐらい下、女性はちょうどおへそのあたりにあります。ここは人間の肉体と、それに重なる幽体という、目に見えないスピリチュアルなエネルギー体の大事なつなぎめです。身体の変わりめの年齢になると、肉体と幽体のあいだにずれが生じ、さまざまな病気や体調不良が起こりやすくなります。そこで丹田をしっかり鍛えれば、ずれは修正され、健康を保てるようになるでしょう。
　丹田を鍛える手法には、体操などさまざまあります。丹田に両手を当てて眠る習慣を持つだけで調子がよくなることも多いようです。

タブー
Taboo
10

元旦にけんかをしてはいけない

お答え

○

新鮮なエナジーとともに迎えるお正月。そこへ早々にネガティブなエナジーを持ち込む行為は慎みたいもの。「一年の計は元旦にあり」です。

昔から「元旦にけんかをしてはいけない」と言われてきました。このほか、元旦に掃除をしてはいけない、他人の悪口を言ってはいけない、浪費してはいけない、とも言われます。昔の人は「一年の計は元旦にあり」と肝に銘じていたため、このように戒め合ったのでしょう。私もスピリチュアルな視点から、これらの言葉に賛成です。

そもそも年末に大掃除をする目的は、来たるべき新年のエナジーを、まっさらな状態で迎えるためです。そのためには過ぎゆく一年の古いエナジーを浄化させなければなりません。神社の大掃除である「すす祓い」は、その年のエナジーを祓う、ひとつの神事です。家庭の大掃除もちょっとした神事のつもりで行いたいもの。今年のわが家に訪れたエナジーのうち、ポジティブなものは残し、ネガティブなものは浄化させよう。新年という大事なお客様を、ぴかぴかな状態で迎えよう。そんな気持ちで念入りに掃除してください。

こうして準備万端で迎えた元旦に、けんかしたり、人の悪口を言ったりしたらどうでしょう。そのネガティブなエナジーに新しい一年が染まってしまいそうです。年末にできなかったからと、お正月にバタバタ大掃除したり、初売りに勇んで出かけて浪費したりするのはどうでしょう。なんだか落ち着きに欠ける年となりそうです。

「元旦に～してはいけない」という一連の言葉は、要は新しい一年をネガティブな第一歩で飾ってはだめですよということなのです。

師走は誰もが忙しい時期。大晦日の夜まで残業したり、忘年会を渡り歩いたりする人もいます。お正月はその疲れで寝てすごすことにもなりがち。しかし新しい一年を、前の年とは違うものとして心新たに迎えたいなら、年内にしっかり大掃除をすませたいものです。そして元旦は、初詣に行ったり、家族と語り合ったり、新年の目標を見つめたりしながら心穏やかにすごすのが一番です。

タブー
Taboo
11

「欠け」や「張り」のある家に住むと健康を害する

お答え
×

住む人の健康状態にじかに影響するわけではありません。気になるようなら花などでエネルギーを補いましょう。

家相にこだわる人たちは、家の一部に「欠け」や「張り」のあることをきらうようです。「欠け」は部分的にへこんでいるところ。「張り」は部分的に出っ張ったところです。たしかに、なるべくならバランスのとれた形状の家のほうがエネルギー的にもいいと思います。

とは言え、基本的にはどんな家に住んでいようと、自分自身の波長がしっかりしていれば不要な災いは起きないというのがスピリチュアルな考えかた。まして昨今の、特に都会の住宅事情では細かいことも言っていられません。

それでも家のなかにある「欠け」が気になる人は、「欠け」のある方面に、エネルギーの強いものを置くことをおすすめします。たとえば花。鉢植えでも、切り花でもかまいません。「欠け」はエネルギーがそこで絶えることを表すので、生きたものでエネルギーを補うといいのです。

同様に「張り」を気にする人もいますが、対処法を講じるよりも、必要以上に案じないのが一番。ネガティブな思いが波長を下げてしまいます。

Taboo《タブー》 12

夜、口笛を吹いてはいけない

お答え

○

霊を引きよせる笛の音を夜に響き渡らせるのはタブー。霊に「こちらにいらっしゃい」と呼んでいるのと同じだからです。

笛の音というのは霊を呼びよせます。まして夜は霊が活発に動きまわる時間帯なので、夜に笛や口笛を吹くのは危険なことです。

昔の人は「夜に口笛を吹くと蛇が出る」と言いました。この言葉のほんとうの意味は、「蛇《じゃ》」ではなく「邪《じゃ》＝悪い霊」が出るということだったのではないかと思います。

心霊研究の世界で行われる「招霊《しょうれい》実験」では、石笛や口笛を吹くことで霊を呼び出します。テレビ番組で、口笛で霊を呼ぶ私の姿を見たことがある人もいると思いますが、どうか真似しないようにしてください。

タブー
Taboo
13

クリスマスツリーやお正月の松飾りは、生木を使う

お答え

○

神様のエネルギーを宿すための「ひもろぎ」が本来の役割。生木を使ったものでなければ意味がありません。


西洋のクリスマスツリーと、日本のお正月の松飾り。ふたつは縁がなさそうに見えますが、スピリチュアルには同じ意味を持ちます。

ひとことで言うとそれは「神様のエネルギーを宿すための木」。昔から、玄関先に植えた木には神が宿り、家を守ったり、幸せを運んできてくれたりすると考えられたのです。昔の日本ではこれを「ひもろぎ」と言いました。

洋の東西を問わず共通の風習があるのは、昔の人たちの純粋な感性が、地球上にあまねく存在する自然のエネルギーを、それぞれの場所で鋭敏にとらえていたからなのでしょう。この風習は西洋ではキリスト教と結びついてクリスマスツリーとなっています。日本では松飾り、もしくは門松として、新年の「年神様《としがみさま》」をお迎えするために玄関

前に飾られます。

　もっともいまは住宅事情の変化もあり、昔のように地面に植えるのではなく、鉢植えを置く家や、既製品を飾る家が増えています。こうした現代版のクリスマスツリーや松飾りも、祈りの気持ちを込めて飾れば本来の役割はじゅうぶん果たします。

　ただし、生木を使用していないプラスチック製を買う場合は要注意。クリスマスやお正月の気分を盛り上げるための飾りとしてならかまわないのですが、「ひもろぎ」の役割を託したいなら、生木を使ったものでなければなりません。
　とは言え、クリスチャンの家庭でなければ、クリスマスツリーのほうは厳密に考えなくてもいいかもしれません。松飾りには生木を用意し、クリスマスツリーはイミテーションということでもかまわないかと思います。
　松飾りは、当然ながら毎年新しいものを準備しましょう。前年に使ったものは、生木であっても用を果たしません。そしてお正月が明けたら、正月飾りを焼いて一年の無病息災を祈る行事であるどんど焼きに出すのが正しい作法です。

Taboo column 1

努力を怠って安易な幸せを期待するのは、「カルマの法則」に反するタブーです

人生というのは、あまりにも大きなプラスを先に得てしまうと、その分あとで大きなマイナスが来やすいという話をP27に書きました。P23では、開運グッズのパワーにあやかって大きな幸運を先に手にすると、代償として別の大切な何かを失いやすく、美輪明宏さんはこれを「正負の法則」と呼んでいると書きました。

正を得ればその分の負が来るし、負を味わっていれば、いつかその分の正が来るという「正負の法則」は、私の言う「カルマの法則」と同様、人生が絶対的に平等であることを示しています。

正だけの人生もないし、負ばかり続く人生もない。正の多い人生、負の多い人生があるにしても、過去世や来世を含む永遠のたましいの視点に立てば、長いスパンでの帳尻はみごとにぴったり合っている。この真実は、私たちに究極の安心をもたらしてくれるのではないでしょうか。

ところが「正負の法則」を怖い法則だと思って

いる人もいるようです。「正のあとには負が来る」という教訓を、必要以上にネガティブにとらえているのでしょう。いまある幸せをそのうち失うのではないか。がんばって幸せを得てもしょせん儚く消えるのではないか。そういう不安が生まれるのは、おそらく「負」イコール「不幸」と決め込んでいるからではないかと思います。

「不幸」ばかりが「負」ではありません。私は「努力」も「負」に含まれると考えます。努力という「負」を先にたくさん積んでいれば、あとに来るのは「正」だけなのです。

お守りなどを頼りにして努力もせずに幸せという「正」を得た場合は、その幸せはもろく、やがて「負」を経験することになるでしょうが、努力を積んで得た幸せは強固で、決して簡単には失われません。努力というかたちで「負」を先に経験しておけば、不幸という「負」を防げるばかりか、やがて揺るぎない「正＝幸せ」を手にできるのです。

このことを理解すれば、「負」をむやみに怖れなくなります。「正」が来るのを楽しみに待ちながら、努力という「負」を積みましょう。

Taboo about
pray & memorial service

第二章

お参りと供養にまつわるタブー

神社仏閣へのお参りにまつわる
マナーを知っていますか?
先祖供養に関するタブーも
キチンと覚えておきましょう。

〈タブーの判定〉

○ スピリチュアル的に真実なタブー
△ 真実とも迷信ともいえないタブー
× 信じる必要のない迷信的なタブー

タブー
Taboo
14

家に神棚がないと神様に守ってもらえない

お答え

×

神棚のなかで一番大事なのは、お扉のなかにしまうお札です。住宅事情などにより神棚が無理ならお札を祀るだけでもいいのです。

神棚というのは、神様を「遙拝《ようはい》」するためのものです。「遙拝」とは、遠く離れたところから拝むこと。神棚のなかに神様そのものは住んでいないけれど、神棚があれば、神様に祈りの念を届けるためのアンテナの役目を果たしてくれるのです。

ここで言う神様は、その土地を守護する高級自然霊のことです。一番身近な神様は、自分の地域の氏神様。氏神様は細かい地域ごとにいます。日本という国全体は天照大神が守っています。日本に住む誰もが天照大神や氏神様のお見守りとお導きを受けているので、信じる宗教にかかわらず、どの家庭でもぜひ神棚にお祀りしたいものです。

とは言え豪華絢爛に祀る必要はありません。立派な神棚を設置した家が特別に強く守られるということはないのです。

逆に、神棚のない家が神様からいっさい守ってもらえないということもありません。大事なのは、心のなかの信仰。神様を敬う生きかたです。

それでも「遙拝」のアンテナは、ないよりあったほうがずっといいので、お札だけは祀るようにしたいもの。神棚のなかで一番大事なのは、お扉のなかにしまわれるお札なのです。お札があれば、極端な話、神棚はなくてもいいくらいです。

都会のマンションや、アパートなどにひとり暮らししていて、神棚を設置するゆとりはないという人は、お札だけでも祀るといいでしょう。そのままでもかまいませんし、額に入れるのもいいと思います。祀りかたも、壁に掲げる、棚の上に置くなど、家のつくりに応じてでかまいません。神様のエネルギーと通い合う場所ですから、ふだんからよく掃除をして、清浄な状態を保つよう心がけてください。

祀るときは、北を背にして南向きか、西を背にして東向きに。壁の向きによっては、その中間の南東向けでもいいでしょう。

タブー
Taboo
15

お守りは買ったところに返さなくてはいけない

お答え

○

買った神社と同じご祭神を祀る別の神社に返してもいいけれど、受け入れてもらえるなら郵送でもとの神社に返したいものです。

二十代のはじめに私は神道を学び、とある神社に奉職していました。数年前からは全国のサンクチュアリをめぐり、多くの神社に参拝しています。

そのなかでよく思うのは、神社という場所は、昔から「マナースクール」の役目も果たしていたのだろうということです。神社への参拝には、ことこまかなマナーが存在します。それらはまた日常生活にも生かされるべきものばかりです。

鳥居のくぐりかた、参道を歩く際の注意、手水《ちょうず》の使いかた、参拝の手順。その一つひとつに神様への敬意がこめられています。これらをおろそかにしては、神様の崇高な波長と通じることはとてもできません。

お守りを神社にお返しするにもマナーがあります。お守りの寿命は一年なので、買って一年をすぎたら、その神社にお返ししてお焚き上げをお願いするのが本来の作法です。

　ところが遠い旅先で買ったお守りは、簡単には返しに行けません。そのためでしょうか、「お守りは買った神社に返さなくてはいけないんですか？」という質問をよく受けます。

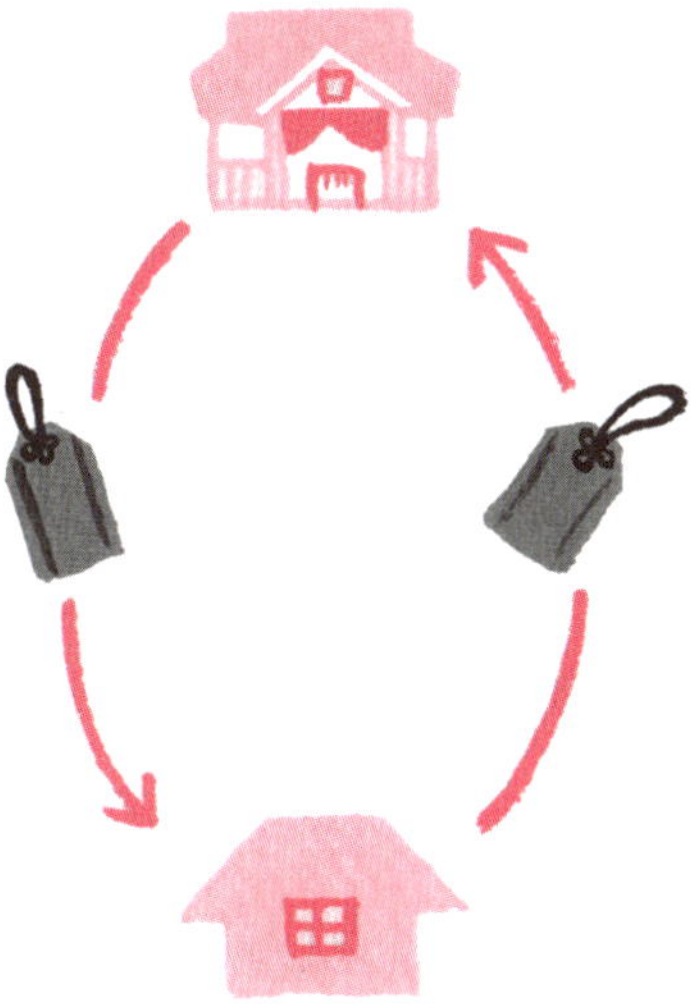

　しかし、神様への礼儀を考えれば、そこに返しに行くのは当然のこと。日常のことに置き換えればよくわかるはずです。Aさんに頂きものをしたお礼を、Bさんに「ありがとう」と言って返すのはおかしな話で、やはりAさん本人にお礼をするのが筋ですよね。お守りを買った神社が遠くてなかなか行けないなら、現代は郵送という方法があります。事前に確かめて、受け入れてもらえるなら「お焚き上げをお願いします」という手紙と、お気持ちを添えて送り、「よろしくお伝えください」と念じてもいいでしょう。
　お守りを買った神社と同じご祭神を祀る神社が近所にあれば、そこにお焚き上げしてもらうのもひとつの方法です。それでも神社を守る霊団は一社ごとに違うので、できればもとに返しましょう。

タブー
Taboo
16

故人の仏前には好物をお供えしたほうがいい

お答え

×

習慣性のあるたばこや酒、甘いものはお供えしてはいけません。故人のために、現世への未練のもとを断ち切ってあげたほうがいいのです。

亡くなった大切な人のお墓や仏壇に何かお供えしようというとき、生前好きだったものにしようと思うのは、ごく自然な発想でしょう。

ただ、その「好きだったもの」の種類によっては注意が必要です。具体的に言うと、たばこやお酒、甘いもの。こういった習慣性の強いものは、お供えしないほうがいいのです。なぜなら故人は、この世への未練を絶ち、一日も早くあの世に旅立たなければならないからです。

亡くなった直後のたましいは、肉体を抜け出てからも、しばらくはこの世にとどまります。私たちの目に姿は見えなくても、自分のお葬式に出たり、大切な人たちにお別れを言ってまわったりしています。そして通常は死後数十日、仏教で「四十九日」と言われるくらいの日数がたてば、あの世の「幽界」という次元に移行します。

　ところがこの世に強い未練を残しているたましいは、「幽界」に旅立てず、未浄化霊となってこの世にとどまってしまいます。当のたましいにも、これはとても苦しいことです。

　供養をする私たちは、故人のたましいの一日も早い安らかな旅立ちを願わなければなりません。そのためにできる協力が、**故人の未練のもとを一つひとつ断ち切って**あげること。たばこや酒、甘いものはその代表格です。「おじいちゃん、お酒が大好きだったよね」と言って墓石にドボドボと酒を注いだり、「おかあさん、好物の大福を買ってきたよ」と仏壇に供えたりしていたら、いつまでも故人はこの世への未練を絶てません。
　ただ、死後四十九日くらいまでなら「これが最後だからよく味わってね」と伝えながらお供えしてもかまいません。その後は「あなたはもう肉体もないのだし、お酒もたばこも要らないよね」と伝えて、お花や習慣性のない食べものをお供えしましょう。

タブー
Taboo
17

葬式から帰宅したときはお浄めの塩をふりかける

お答え
△

本来は必要のない行為です。ただし、人々の悲しみの念の影響を祓うためには、塩は有効です。浄化力の強い海の塩を使いましょう。

葬式から帰宅したときに、会葬御礼としていただいてきた塩を、自分の肩などにふりかける習慣があります。しかし、これは本来は必要のない行為です。まるでケガレでも祓うかのように自分の身に塩をふるのは、実は故人に対して失礼な行為でもあるのです。何度も書いてきたように、死とは忌み嫌うべきことではありません。

ただ、まったく無意味なわけでもありません。葬式の場には人々の悲しみの念が充満しています。憑依体質の人などは、そのエナジーの影響を受けて、体調を崩すこともありえます。そうならないよう、悲しみのエナジーを祓う目的で塩をふるのはいいことです。

お浄めに使うのは必ず天然の塩にしてください。化学的な製法の精製食塩には浄化力はありませんから。

故人の霊が、帰宅後も自分のそばにいる気がしたら、塩をふるより、やさしく語りかけてください。「あなたはもうあの世に帰るのだから、ここにいてはだめですよ」と。

タブー
Taboo
18

おみくじは、引いた神社やお寺の木の枝に結ぶ

お答え
×

引いたおみくじは、教訓として持ち帰るものです。神社やお寺の木の枝に結ぶのはタブー。木を傷めることにもつながります。

読み終えたおみくじを、境内の木の枝に結びつける人は多いようですが、とんでもないタブーです。木に結べば願いも結ばれる（成就する）という縁起かつぎなのかもしれません。しかし大事なご神木を傷めることにもつながりますから、ぜひやめてください。ご神木を傷めるだけではなく、木という生き物を苦しめることはカルマになります。自分の願いを叶えたいがために、何かを犠牲にするのはいけません。

おみくじは本来、教訓として持ち帰るべきもの。お守りと違って効きめが切れる寿命もないので、日記などにはりつけて、ずっととっておいてもいいのです。

タブー
Taboo
19

お守りをたくさん持つと神様同士がけんかする

お答え

×

神様は崇高なので
人間のようにけんかなどしません。
ただし波長が混乱するのはたしかです。
たくさん集める習慣こそ改めましょう。

神社仏閣めぐりが趣味で、あちこちでお守りを買ってくるような人に、「お守りをたくさん持つと、神様同士がけんかするよ」と忠告する人がいます。そんなことはありません。神様は崇高な存在ですから、私たち人間のように低俗な理由でけんかしたりしないのです。「ここに集まるお守りのなかで自分が一番だ！」「いや自分だ！」などともめ合う神様なんて想像できませんよね。

とは言え、お守りを一度にたくさん持つべきでないのはたしかです。神様のエネルギーというのは、究極のおおもとはひとつなのですが、神社ごとに少しずつ特徴が違い、お守りの波長もさまざまだからです。一つひとつのお守りがどんなに崇高で清らかなエネルギーを発していても、一度に持てば、お互いに波長を混乱させ合う可能性があるのは否めません。音響にたとえれば「ハウリング」の状態です。霊的エネルギーのハウリングが起きると、それぞれのお守りが本来持つ波長が発揮されにくくなることもあるのです。

お守りはたくさん持てば持つほど強く守護してもらえるというのは浅はかな考えで、むしろ逆効果だと知ってください。護符も同じで、たくさん持てば効果も倍増と考えるのは間違いです。

幸せになりたい心は誰でも同じ。でも、たくさんのお守りを持とうとする欲張りな心には、いささか問題がありそうです。あちこちの神社仏閣にお参りし、そのつど買い集めたお守りを身につけるのは、複数の相手に頼みごとをするようなもの。ある人が、5人もの友だちに同じお願いをしていたことがばれたらどうでしょう。信用を失い、結局は誰も助けてくれなくなるかもしれません。

たくさんのお守りを持つと神様からバチを与えられる、ということではありません。ただ、たくさんのお守りに依存する強欲な心が問題なのです。そんな波長の低い心では、神様の崇高なエネルギーにはとても届きません、ということです。

タブー
Taboo
20

仏壇と神棚を同じ部屋に祀らない

お答え

×

ひとつの部屋にあっても、気にすることはありません。しかし、仏壇を神棚の真下に設置するのは避けましょう。

仏壇と神棚を同じ部屋に設置することをタブー視する向きもあるようですが、気にしなくてもかまいません。別々の部屋にできればそれに越したことはありませんが、現代の、特に都会の住宅事情を考えると、そんな贅沢も言ってはいられないでしょう。

ただ、仏壇を神棚の真下に配置するのは避けてください。縦一直線上に配置すると、いったいどちらに手を合わせているのかわからなくなるからです。神棚に手を合わせることと、仏壇に手を合わせることでは全然意味が違います。両者をいっしょくたにして、「神様仏様」と拝むのは間違いなのです。

仏壇と神棚を同じ部屋に設置するなら、横ならびにするか、少しでもかまいませんから左右にずらしてください。

一方、上下に配置するのが風習だという地方もあります。その場合は、神棚を拝むときは立ち、仏壇を拝むときは座るなど、自分の姿勢や気持ちのうえで、きちんと区別するといいでしょう。

タブー
Taboo
21

喪服の色は黒でなければいけない

お答え

△

絶対に黒い服でなければいけないわけではありません。ただ、黒い色にはパワーがないため喪服に一番ふさわしいのはたしかです。

スピリチュアルな視点では、絶対に黒でなければならないということはありません。派手な色彩の服を着ても、故人の霊が怒ることはないのです。最近では「故人の希望なので平服を」と案内する葬式もあります。しかし現世の人間が悲しみを表すには、やはり黒が一番ふさわしいでしょう。

日本人は昔から黒や鈍《にび》（グレー）を葬儀に着る色としてきました。神道の葬祭では白も着ます。色にはそれぞれにパワーがありますが、これら無彩色には何のパワーもありません。大切な人の死に沈む心は、無彩色に近いのかもしれません。

タブー
Taboo
22

生まれてこられなかった水子は、祟ることがある

お答え

×

子どもは親を恋い慕うものなので、「祟る」ことはありません。霊的な現象を起こすことがあるのはただ寂しいからなのです。

「水子の祟り」という言いかたがありますが、何という愛のなさだろうと思います。水子とは、赤ちゃんとしてこの世へ生まれ出ることのできなかったたましいのこと。そういうたましいたちに、生んでくれなかった親への恨みの気持ちがあると考えての言葉でしょうか。

私は「水子」という言葉自体、好きではありません。短いあいだでもおかあさんのおなかに宿ったたましいは、一人残らず、愛しいかわいい子どもであるはずです。

いつの世も子どもは親を恋い慕うものです。親に虐待を受けている子どもでさえ、親を愛し、「虐待されるのは自分のせいなんだ」と考えるものだそうです。それくらい幼い子どもは親が大好きで、心から頼りにしているのです。

この世に生まれてこられなかったたましいにしても同じです。親のぬくもりがひたすら恋しい。忘れられると悲しくて寂しい。おかあさん、おとうさんに抱っこしてもらうことは残念ながら叶わなかったけれど、せめて自分の存在を思い出してほしい。そういう思いでいるのです。

そんなたましいが何らかの霊的現象を起こすことが、ときにはあるのも事実です。しかしそれを「祟り」ととらえるべきではありません。寂しいだけなのですから、その子の存在を、ただあたたかく思い出してあげればいいのです。おりにふれてその子を意識し、「今日はいい天気だね」「お花がきれいだね」などと、心のなかで話しかけるのもいい供養になります。

悪質な霊能力者は、相談者の不幸の原因を水子の祟りだと言い、法外なお金をとって「供養」しているようです。免罪符を買うような気持ちでそんな供養をしても、生まれてこられなかったたましいの癒しにはなりません。いい供養とは、どれだけお金をかけるかではなく、どれだけ愛情をこめるかです（詳しくは拙著『天国への手紙』を参照）。

タブー
Taboo
23

神社仏閣の石や木の枝を持ち帰ると、お守りになる

お答え

×

お守りどころか災いのもと。石や枝には、参拝者たちの苦悩や我欲の念が宿りやすいのです。もう持ち帰っている人はすぐに返して。

神社やお寺に参拝したときに、境内の石や木の枝を持ち帰る人がいます。参拝の記念のつもりでしょうか。境内にあったものにはパワーがあり、お守りのように持っていればご利益をもたらしてくれると考えてのことでしょうか。

いずれも大きな間違いです。石一つ、小枝一本、絶対に持ち帰ってはいけません。某有名神社ではご神木の樹皮をはがして持ち帰った人までいるそうですが、とんでもないことです。

いけない理由は、まずマナーとして。自分の幸せのために神社やお寺のものを持ち帰るという心そのものがいけません。そこで生じた負のカルマは、幸せどころかトラブルのもとになります。

もうひとつの大事な理由は、石や木の枝などには霊的なものが宿りやすいからです。低級な自然

霊や未浄化霊、さらに生きている人間の念も宿ります。これまでに参拝に訪れた無数の人たちの悲しみや苦しみの念、現世利益をひたすら求める我欲の念がこもっているかもしれないのです。

P40に書いた神棚と同じで、神社も、霊的世界のはるか上層にいる神様に通じるためのアンテナ

であるにすぎません。アンテナにあたる物質自体には幸せを授ける力はないどころか、ネガティブな波長を宿しているかもしれないことを知ってください。私などは参拝のたび、靴の溝に入った小さな石まできちんと落として帰ります。

また、神社仏閣以外に、ハワイなどのスピリチュアルスポット（P82参照）から、安易に石などを持ち帰ってくるのもタブーです。

すでに持ち帰ってしまっている人は、早々にお返ししましょう。神社なら、神様に謝罪し、石なり枝なりを返すこと。P42に書いた、お守りをお返しする場合と違い、別の神社に返したり郵送したりしてはいけません。必ず拾った神社に足を運んでおわびしてください。そのうえで寄附やお布施などのかたちで、その神社に貢献することです。

タブー
Taboo
24

先祖供養をしないと不幸になる

お答え

×

「不幸」と思えるできごとを招くのは、自分自身の波長とカルマだけ。何でも先祖供養と結びつけて考えるのは間違いです。

「あなたが不幸なのは先祖供養が足りないからです」「先祖供養をおろそかにしていたからバチが当たったのです」といった物言いを、あなたも聞いたことがあるかもしれません。こうした考えかたに影響され、現世的な「幸せ」を得るために、せっせと先祖供養に励む人もいるようです。

しかし、先祖供養をするかしないかが、はたしてダイレクトに「幸せ」や「不幸」に結びつくものでしょうか。スピリチュアルな視点での答えはノーです。「不幸」と思えるできごとは、自分自身の波長とカルマが引きよせるもの。それ以外ではありません。いままでに自分が何をしてきたか、どんな思いで生きているかが、自分の現実を作っているのです。先祖供養をすれば「幸せ」になれるというのも単純すぎ。何でもかんでも先祖供養と結びつけて考えるのは間違いです。

「先祖供養をしないと不幸になる」という考えかたには、「先祖霊は供養をしてもらえないと怒り、霊障を起こすもの」という固定観念が潜んでいそうです。しかしP69に書いたように、浄化が進んでいる先祖霊は子孫の幸せを願うものです。

「先祖供養をしなかったから自分は不幸になったのだ」と信じ込んだ人たちは、今度は一転してかたちやお金に走った先祖供養をしがちです。しかし「いい供養」とはかたちやお金ではありません。自分たちが自立して立派に生きている姿を見てもらい、「私たち子孫はこうしてがんばっていますから、安心して浄化に励んでください」と激励するのが一番いい供養なのです。

供養における最大のタブーは、**先祖霊にお願いごとをすること**です。先祖霊は、願いを叶えてくれるスーパーマンではありません。かわいい子孫にお願いごとをされては、後ろ髪を引かれてしまい、自分自身の浄化に身が入らなくなってしまいます。くれぐれもそのような間違いは犯さないようにしましょう。

タブー
Taboo
25

お葬式が出たら神社へ行ってはいけない

お答え
×

死は「ケガレ」であるとする昔の神道から生まれた迷信でしょう。喪中のときこそ積極的に神社にお参りに行くべきです。

昔の神道では、死は「ケガレ」と見なされていました。お葬式が出たら神社へ行ってはいけないとされたのも、おそらくそのためでしょう。しかしスピリチュアルな視点では、死はひとつの通過点にすぎず、忌むべきことではありません。

この迷信には昔の衛生事情も関係しているように思います。昔は疫病で命を落とす人がかなりの数にのぼりました。その人の家族が、不特定多数の人々が集まる神社にしばらく来てはいけないとされたのは、その家から病原菌が広がるのを防ぎたいからでもあったのでは、と思うのです。

医療や衛生が発達したいまは、そういうことを気にしなくてもよい時代になっています。ですから喪中のお参りもいっこうにかまいません。むしろ積極的にお参りするべきだと私は思います。

「喪に服しているあいだは鳥居をくぐってはいけない」というのも迷信。鳥居にはお祓いの意味があるので、喪中にこそくぐるべきです。大切な人を亡くした悲しみの念や、長かった看病や葬儀のあとの疲れを祓っていただきましょう。

タブー
Taboo
26

ペットの骨を自宅の庭に埋葬してはいけない

お答え
○

生きていたときに親しんだ家とは別の場所に葬ったほうがペットのため。飼い主の未練から、ペットの浄化を遅らせてはいけません。

人間と同じで、動物のたましいも、亡くなったらあの世へ帰るのが本来の道。あの世へ帰ったほうが幸せです。それなのに生前暮らした家の敷地内に埋められると、ペットのたましいは居心地がよくて、なかなか浄化していけなくなります。

そばにいてほしい飼い主の心情はわかりますが、里心を助長させる葬りかたは極力やめ、ペット霊園などに葬りたいものです。土地の風習などで敷地内に葬る場合やすでに埋葬している場合も、「あの世へちゃんと帰るんだよ」とくり返し言い聞かせることが大切です。

タブー
Taboo
27

生きているあいだに墓を建てると死ぬ

お答え

×

墓を建てたから亡くなるのではなく、死を予知していたからこそ建てたという場合が多いのです。自分の墓の建立は、むしろ賛成です。

スピリチュアルに見ると、死は、誰の人生にも最後に必ず訪れる、ひとつの生の「卒業」にすぎません。その後も、たましいの旅は永遠に続いていくわけです。

死をつねに見つめていてこそ「生」が充実するのに、日本人は昔から死を忌み嫌ってきました。健康に何の問題もなく、死など意識しないようなときには、自分の墓について口にすることさえ「縁起でもない」と思われがちです。自分の墓を建てる人が少ないのも当然かもしれません。

実際、自分の家のお墓を建てた人が、完成してすぐに亡くなることは珍しくないようです。しかしそれはP27の最後に書いた話と同じで、本人のたましいが死を予期していたからです。お墓を建てたから亡くなったのではなく、亡くなることを無意識に自覚していたからお墓を建てたのです。

生前にお墓を建てることに、私などはむしろ賛成です。お墓に特に関心のない人は無理に建てる必要はないと思いますが、自分で自分のお墓を建てたがる人は、それだけお墓にこだわりを持っていることが多いからです。そういう人が自分で建てずに亡くなれば、子孫が建てたお墓を気に入らず、浄化が遅れることさえ考えられます。

私自身は、自分にかかわることは死後のことにいたるまでしっかり目配りしておきたいタイプなので、二十代のうちにお墓を建てました。両親がすでに他界していたという事情もありますが、このお墓があるおかげで、墓参のたびに自分の死を否応なく意識させられ、この人生の一分一秒を充実させようとの思いを新たにできます。

「生前に墓を立てると子孫が繁栄しない」とも言われますが、迷信です。子や孫というのは、親のお墓を建てながら、先祖を敬う心を養うもの。それを親みずからが生前に建ててしまうと、子孫がその心を育むチャンスが失われる。昔の人はそのように考えたのかもしれません。

タブー
Taboo
28

高額な戒名をつけると故人は早く浄化できる

お答え

×

戒名は、本来あってもなくてもどちらでもいいものです。ほとんどの故人は、戒名で呼ばれても自分のこととは思いません。

戒名とは、亡くなった人の仏教徒としての名前です。仏教で葬儀をする際には、故人を仏教徒にしなければならないというしきたりがあるため、便宜上つけられるのです。スピリチュアルな視点では、あってもなくてもどちらでもよく、故人のたましいの浄化には何の関係もありません。

生前から熱心な仏教徒で、亡くなる前から自分の戒名をつけていたような人なら、もちろん戒名も意味のあるものでしょう。そうでないなら俗名で葬式を出してもかまいませんし、位牌に記すのも俗名でじゅうぶんだと思います。つけるとしても、高いお金をかける必要はありません。

スピリチュアル・カウンセリングをしていたころに、私はご遺族の依頼で故人のたましいに語りかける機会がよくありました。その経験から言うと、戒名で呼んで出てきた霊はひとりもいませんでした。戒名を重んじるのは、実は現世の側だけなのかもしれません。当の故人は、やはり花子さんなら花子さん、太郎さんなら太郎さんと呼ばれてこそ、自分のことだと思うようです。

タブー
Taboo
29

亡くなった家族の部屋はそのままにしておくべき

お答え

×

部屋をそのままにしておくことは故人のためになりません。一日も早くあの世へ旅立てるよう未練のもとをなくしてあげましょう。

家族の死を認めたくなくて、部屋を生前のままにしておく家があります。遺品を片づけるのは悲しい、片づけたらかわいそうとの思いもあるのでしょう。しかし故人のためにはなりません。

故人の霊にとっては、この世への未練を絶ち、一日も早く浄化してあの世へいくほうが幸せなのです。生前のままの部屋がこの世にあると、後ろ髪を引かれ、去りがたくなってしまいます。「片づけるのは寂しい」というのは現世側の思い。故人を愛するなら、勇気を出して片づけてください。ものを処分しても、思い出や絆は消えません。

タブー
Taboo
30

お盆やお彼岸のお墓参りの帰りに、ふり返ってはいけない

お答え

○

故人のたましいと、生きている私たちが、お互いに未練を持たないための昔から伝わる知恵です。大切なのは「ふり返らない心」です。

家族でお墓参りに行ったときに、親に「お参りを済ませたら、後ろをふり返らずに帰るんだよ」と言われた経験はないでしょうか。私の子ども時代にも、四歳のときに亡くなった父親の墓参りに行くたび、母親からそう言われながら家路を急いだ記憶があります。

昔からこのように言われてきたのには、ちゃんと理由があります。

日本では、お盆やお彼岸には故人のたましいがこの世に帰ってくると考えられています。その時期にお墓参りに来た家族が、何度もお墓をふり返りながら帰っていくのは、故人のたましいにも切ないこと。家族への懐かしさが募り、一度は絶った未練がよみがえってしまうかもしれません。あの世へ帰るのがいやで、家路に向かう家族につい

ていってしまうかもしれません。だから「ふり返らずに帰ろうね」と言い合ったのです。

スピリチュアルな視点からも、これはいい風習だと思います。生きている私たちのほうが「今回のお彼岸のお参りは、これにておしまい」というけじめを示せば、この世に未練を残しがちな故人のたましいも、その背中を見て「ああ、これでもうあの世に帰らなければ。会いに来てくれてありがとう」と、納得して帰っていけるからです。

ところで、ここで言う「ふり返る」というのは、心の姿勢のことで、動作のことではありません。後ろにいた人に話しかけられたときや、お墓に置き忘れたものに気づいたとき、つい後ろをふり向いてしまうのはしかたのないこと。そこで「あ、ふり返っちゃった！」と慌てるのは笑い話です。

要は「おとうさん、家族を遺してなぜ逝ってしまったの？」「おかあさん、寂しいから戻ってきて！」といった「後ろ向きな心」になるべきではないということ。昔の人は、ふり返らずに帰るという動作に徹することで、心の姿勢もそのように保とうとしたのかもしれません。

タブー
Taboo
31

遅い時間に参拝するのはよくない

お答え

○

日が暮れてから翌朝までは未浄化霊が活発に動きまわる時間です。遅い時間に神社やお寺に行って憑依を受けないようご用心。

神社やお寺は、ぜひ明るい時間帯にお参りしましょう。日が暮れてから翌朝までは、霊たちが活発に動きまわる時間です。神社やお寺にも未浄化霊がうろうろしていることもありますから、行けばよからぬ憑依を受けないとも限りません。呪いのわら人形を木に打つ「丑《うし》の刻《こく》参り」を、夜に行うのは、霊の力をネガティブに利用するからです。

神社やお寺のような場所に未浄化霊なんていないと思っていたかもしれませんが、違うのです。生きている私たちが、苦しいときに神様仏様を頼るように、浄化できずにいる霊たちも、苦しみを抱えて神社やお寺にすがってくるのです。

ただ、年末年始や縁日には、境内は一日じゅう高級霊に守られているので、夜に行ってもかまいません。遅い時間に境内を横切らなければならない場合も、気を引きしめて歩けば大丈夫です。

よく「ついで参りはいけない」とも言われますが、問題ありません。何かのついでに立ち寄るにせよ、軽々しい気持ちではなく、神社やお寺に敬意を向けているならばかまわないのです。

Taboo《タブー》 32

亡くなった人の写真を部屋に飾ってはいけない

お答え

△

写真を見るたびに悲しみが湧くうちは飾らないほうがいいでしょう。懐かしく思い出せるようになったら、遺影はよきアンテナとなります。

故人のたましいと想いを通わせたいときに、遺影は格好のアンテナとなります。おりにふれ話しかけたり、日々の報告をしたりする対象として飾ってもいいでしょう。

ただし、飾らないほうがいいのは、遺影を見るたび悲しみが増すような場合です。「なぜ死んじゃったの?」とすがられては、故人も後ろ髪を引かれて浄化しにくくなります。遺影を見るたびに懐かしく思い出せるようになってから飾るのがいいかもしれません。もちろん、ポジティブな気持ちで写真を見られるなら、いつからでも問題ありません。

タブー
Taboo
33

お墓が壊れたら速やかに直さなければならない

お答え

×

すぐに直せない事情があるなら、浄化した先祖霊は理解してくれます。お墓にこだわり続ける先祖霊には逆にお説教してもいいのです。

どんなに頑丈にできているお墓でも、自然災害や老朽化のために、壊れたり傷んできたりすることはあります。そうなると先祖供養をきまじめに行っている人ほど、「一刻も早く直さなければ、ご先祖様に失礼にあたる」と考えるかもしれません。霊能力者などに「先祖霊が怒っているから早く直しなさい」などと言われる人もいるでしょう。

しかし、すぐに直すべきかどうかはケース・バイ・ケースです。ろくに先祖供養をしたことがなく、お墓も荒れ果てた状態という家の人にはたしかに反省が必要ですし、経済的、時間的な余裕があるなら早々に直したほうがいいでしょう。

では、ふだんから先祖に感謝の思いを向け、心をこめた供養も行っている家のお墓が、地震で倒壊した場合はどうでしょうか。先祖霊が怒って「一刻も早く直してくれ。さもないと霊障を起こしてやる」などと脅してくるでしょうか。

　まずあり得ません。日ごろの供養に感謝し、浄化も進んでいる先祖霊は、子孫の幸福を心から願うものです。物質としてのお墓にもうこだわっていません。それよりも被災した子孫の生活を案じ、一日も早い立ち直りを願うもの。子孫からも「いまは大変な状態なので、お墓を直すのはあとになりそうです。事情をご理解くださいね」と伝えれば、じゅうぶん理解してくれるでしょう。

　経済的な事情によりお墓の修繕の目処が立たない場合も、ありのままを先祖霊に伝えればいいのです。そのことに先祖霊が不満を持ちそうだと思ったら、こちらから説教してもかまいません。「おじいちゃんはとっくにこの世を卒業したはず。お墓へのこだわりなど捨ててください」と。

　霊能力者などから故人の望みだからと言われても、すべて叶える必要はないのです。この世への未練から来る望みには、「そんなこと言っていないで早く浄化してください」と逆に叱咤激励するくらいが、むしろ真の供養であり、子孫としての愛情です。向こうの言葉は聴こえなくても、あなたの想念はテレパシーとなって、故人に伝わります。

タブー
Taboo
34

願いが成就した護符はとっておくべき

お答え

×

護符とお守りは同じようなもの。こめた願いが叶えられたら、感謝の気持ちとともに神社にお焚き上げをお願いしましょう。


拙著『スピリチュアル　プチお祓いブック』には自分で書くオリジナルの護符を付録につけました。

そのときに書いたように、護符を書くときに大事なのはそこにこめる念、想いです。願いに対する念が強く、具体的な努力もし、願い事の内容が自分のたましいのカリキュラムや成長の方向に矛盾しないものなら、叶えられることも多いのです。

すでに言葉が書かれた出来合いの護符の場合も、自分で念をこめることが大切です。

願いが叶ったあとの護符は、買ってから一年をすぎたお守りと同じように考えてください。神社などにお焚き上げをお願いするのです。買った神社にお願いできれば一番よく、遠くて行けないときは、受け付けてもらえるなら、同じご祭神を祀る別の神社でもかまいません。

護符にこめた願いが叶うころには、そのことへの感謝や、肌身離さず持ち歩いた護符への愛着が芽生えているものです。記念にとっておきたくなる心情もわかりますが、感謝とともに、神様のもとへお返しするのが作法です。

タブー
Taboo
35

お正月にお墓参りをしてはいけない

お答え
×

家族や親戚が集まれる貴重なチャンスだからこそ、みんなそろって先祖霊に新年のご挨拶をしましょう。

お正月やお盆は、ふだんはお互いに離れて住んでいる家族や親戚同士が一堂に会することのできる貴重な機会です。みんなが和気あいあいと食卓をかこみ、笑い合う様子を先祖霊たちも微笑んで見ているに違いありません。

一族そろっての墓参のチャンスでもあります。しかし、お盆にはそろって出かけるという家も、お正月にはどうでしょう。お正月のお墓参りをタブー視する見かたもありますが、何も問題ありません。むしろぜひするべきだと私は思います。先祖霊にも、新年のご挨拶はもちろん必要です。

Taboo
column 2

スピリチュアルなことを、科学という狭い枠にあてはめようとするのはタブーです

私たちの世界は、目に見え、手でふれられるものだけで成り立っているわけではありません。スピリチュアルな神秘が満ちあふれるなかで私たちは生きているのです。それに気づき感謝しながら生きるのと、否定して生きるのとでは、人生の充実度が大きく違ってくるように思います。

世の中には、スピリチュアルなことを頭ごなしに否定する人たちが多くいます。現世でいまのところ常識とされている「科学」で証明できないことはいっさい認めないというわけです。

しかし私は、科学の狭い枠にすべてをあてはめようとすること自体がタブーだと考えます。たとえば「オーラは光の三原則に反する」という意見がありますが、スピリチュアルな立場から言うと、光の三原則はあくまでも物質界の考え方。オーラは光の反射によって視えるものではありませんから、オーラという霊的なものを現世的な考えにあてはめようとすることが間違いなのです。

もちろん私は科学を否定する者ではありません。しかし科学の枠から出てこない人とは、同じ土俵に立てないのですから、何も言うべきことはありません。超常現象をいまの日本で証明しようという気持ちもありません。１８４８年にアメリカで起きたポルターガイスト事件を発端に研究が始まり、イギリスで発展した近代スピリチュアリズム研究の歴史のなかで、いくらでも証拠が残されているからです。それに頭ごなしに否定する人たちは、どんな霊的現象を見せられても、絶対にトリックがあると言い張るだけでしょう。

スピリチュアルというのは、心の目で見、心で感じるしかないのです。スピリチュアルな世界に目覚めるきっかけになるのは、人生で感じる「奇跡」だと思います。あなたにもなかったでしょうか。「自分ひとりの力では絶対になしえなかった」と思うようなことが。「あの人と出会わなければいまの自分はない」と思う出会いが。それらはみな「奇跡」です。この世に生まれてきたこと自体が、超常現象をはるかに超える奇跡なのです。

第三章

スピリチュアルなタブー partⅠ

スピリチュアル・ワールドにまつわる
タブーは謎がいっぱい。
何がほんとうにNGなのか?
その真相を一刀両断!

〈タブーの判定〉
○ スピリチュアル的に真実なタブー
△ 真実とも迷信ともいえないタブー
× 信じる必要のない迷信的なタブー

タブー
Taboo
36

夢が叶うように強く念じると、そのとおりになる

お答え

○

努力をしていて、動機が正しく、自分の身の丈に合っている夢ならば、強い念力によって叶えられる可能性は高いのです。

人間の念は、ふつうに考えられている以上に強力なもの。スプーン曲げなどはほんの初歩で、念力は私たちの現実をかたち作る大きなパワーとなっています。あなたの現実はあなたの念が作っていますし、世の中の現実は、この世に生きる全員の念で作られていると言っても過言ではありません。

ですから自分の夢が叶うよう強く念じ、そのとおりになることがあっても不思議ではありません。「自分は将来、絶対にこうなる」と言い続け、ほんとうにそうなった人を私は何人も見ていますし、私自身もそのように生きてきました。ポジティブシンキングに念力が加われば、鬼に金棒です。

ただし、その夢に向かってちゃんと具体的な努力をしていることが前提です。何も努力していないうちは、そもそも強い念力は湧きません。

動機が正しくない夢や、自分の身の丈をはるかに超える夢も、どんなに強く念じても叶いません。そのあたりを冷静に見つめることも必要です。

ネガティブな思いも厳禁です。いくら努力し、夢の実現を強く念じても、「やっぱりだめかも」との思いが混じると、ポジティブな念力は弱まります。人間の念はネガティブな思いも現実化させてしまうのです。心配性な人に限って心配が的中しやすいのは、「心配」という文字のとおり、心がネガティブなほうに配られてしまうからです。

では努力もし、動機も正しく、自分の身の丈に合った夢で、ネガティブな思いもないのに、夢が叶わないことがあるのはなぜでしょうか。

もしかすると、自分のたましいのカリキュラムには合わない夢なのかもしれません。その場合は

気持ちを切り替えることで、別の叶えるべき夢と出会えるはずです。

あるいは、いまはまだ叶うべきタイミングではないのかもしれません。夢を叶えるには、タイミングも大事な要素なのです。落ち込まず、執着せず、泰然とかまえて時機を待つことが大切です。

タブー
Taboo
37

死んだ人の夢を見るのは、その人からのメッセージ

お答え

○

すべてがそうとは言えませんが、何かをこちらに伝えたくて夢に出てくることはあります。感性でメッセージを受けとめて。

死別した人の夢を見ると、目覚めたあとも気になるものです。そういう夢は、自分の想像の産物ではなく、故人のたましいが会いにきてくれたような生々しさを感じさせるからかもしれません。

実際、私たちのたましいが、睡眠中に故人のたましいと会うのは珍しいことではありません。私たちが見る夢の一部には、霊的な世界とつながった夢があるのです。人間のたましいは睡眠中に霊的世界を旅していて、そこで見たものや経験したことの記憶も、私たちは夢だと思っています。この種の夢を私は「スピリチュアルドリーム」と呼んでいます（詳しくは『スピリチュアル夢ブック』『スピリチュアル夢百科』参照）。

故人のたましいと会って話したことは、たいていは目覚めと同時に忘れてしまいます。ただ、故

人のほうに、こちらにぜひ伝えなければならない強いメッセージがあるときは、ちゃんと記憶されます。そのメッセージが言葉で示されていればわかりやすいのですが、あいまいなこともよくあります。そういうときは夢の雰囲気を思い出し、感性で解釈してみてください。

たとえば亡くなったおとうさんが悲しそうな顔で立っていたら、寂しい思いをしているのかもしれません。遺してきた家族が心配なのかもしれません。にこにことただ笑っていたら、あの世で幸せにしているよと伝えたいのかもしれません。

雰囲気さえよく思い出せないときは、無理に解釈せず、故人に「よりわかりやすく伝えてください」と念じてください。どうしても伝えたいことがあれば、こちらがわかるまで何度でも工夫して送ってくれるはずです。

メッセージの意味は、あるていどの時間を経てからわかることも多いので、焦らず待つことも大切です。夢で見た内容や雰囲気などを日記にでも書き留め、少しだけ意識しながらすごしていれば、「ああ、このことだったのか」と思うときがいつか来るかもしれません。

タブー
Taboo
38

運気の悪いときは、あまり行動を起こしてはいけない

お答え

◎

積極的に外に向かって動くべき時期と、内面を見つめて力を蓄える時期が人生にはあります。いまがどちらなのかを見きわめて。

私たちの一生に、浮き沈みの波のようなものはたしかにあります。ただ私は、それを単純に「いい運気」「悪い運気」とはとらえません。私のとらえかたは次のふたつ。目標に向かって積極的に行動するのがふさわしい「行動時期」と、自分を見つめ、次なる計画を立てて実力をつける「内観時期」です。要は外に向かう時期と、内を向く時期があるのです。前者を占いでは「いい運気」、後者を「悪い運気」としているのかもしれません。

運気の悪いとき、私の言葉で言う「内観時期」に、あまり行動を起こしてはいけないというのはほんとうです。「行動時期」と「内観時期」は、昼と夜の関係にも似ています。昼は外に出るのに向いていて、家にこもるのはもったいない。夜は家でゆったりすごすのによく、外を出歩いてもあまり

いいことはない。どちらがいい悪いではなく、ふさわしいすごしかたが違うのです。

最近ものごとがうまくいかない。気持ちも外に向かない。そういうときは「内観時期」ですから、転職や結婚、引っ越しといった大きなアクションは起こさないほうが賢明です。人は冴えない状況を打開したいときにこれらに走りがちですが、自分が冴えないときは「波長の法則」で、出会う転職先も結婚相手も不動産物件も、往々にして冴えないものなのです。焦ってつかまえたところで、結局あとでいやになるのが関の山です。

だからと言って、「内観時期」に無為にすごすのはもったいないこと。この時期だからこそできることにせっせと励むのが得策でしょう。内面を充実させ、人間としての魅力を磨き、実力を高める努力をする。夜が明けて「行動時期」が訪れたとき、それらは必ず花開きます。

多くの人にはここが難しいところのよう。焦る心に耐えられず、つい動いてしまうのです。それはトラブルのもとと肝に銘じ、「内観時期」ならではの静かな充足感に浸ってはいかがでしょう。

タブー
Taboo
39

パワースポットへ行けばパワーがもらえる

お答え

×

行けばいいというものではありません。みずからを客観的に見つめ、よりよい自分として生きようという「内観」と「誓い」が大切です。

私たちが住むこの地球には、ところどころに「パワースポット」と呼ばれる、非常に強いエネルギーを持つ土地があります。私はそうした土地をさらに二種類に分けて考えています。

ひとつは火山、海、山、滝といった、土地そのもののエネルギーが強い場所。もうひとつは日本の神社やハワイのヘイアウなどの、崇高なエネルギーを持つ場所です。後者はこの世と霊的な世界の接点のような土地で、私は「スピリチュアルスポット」と呼んでいます。

両者の一番大きな違いは、その場所に「祈り」があるかどうかです。山にある神社のように、両方の性格を兼ねそなえている場所もあります。

いま、スピリチュアルスポットを含む「パワースポットめぐり」が人気です。日本の聖地を敬う

人が増えているのはよいことです。けれども、行くだけでパワーがもらえると単純に考えている人も多いようで気になります。P54に書いたように、石や枝を持ち帰ってまでそこのパワーにあやかろうという困った人たちもいます。
とりわけ神聖なスピリチュアルスポットめぐりについては、そういうマナーを無視した幼い神頼みでは、行く意味がありません。私は次の5つの心得が必要と考えています。
1つめは、日ごろの自分のありかたを謙虚に見つめる「内観」。2つめは、内観によって反省したことの改善策と、新たな計画や目標の「誓い」。この2つを正しい心で行えば、3つめの「インスピレーション」が、ふと得たひらめきや、おみくじの言葉のなかに与えられるでしょう。
4つめは「心の癒し」で、5つめは「身体の癒し」です。静寂のなかで心を和ませ、森や温泉で身体をリフレッシュさせる。そういうゆとりあってこその聖地めぐりです。複数の聖地を急いでハシゴするより、ゆったりとスケジュールを組み、たましいの深呼吸をしてください。

タブー
Taboo
40

事故を立て続けに見るのは、悪いことが起こる予兆

お答え

○

対人トラブルなど、何らかのアクシデントへの警告と受けとめてください。注意していれば現実化は防げます。

交通事故などを目撃することがなぜかやたらと続くときは、あなたの守護霊からの、何らかの警告かもしれないと考えてください。「最近のあなたは注意力散漫です。思わぬアクシデントに注意しましょう」と戒められているのです。

スピリチュアルな視点では、目に映るすべてのことに意味がありますから、事故を一度見かけただけでも、そのあとしばらく注意してすごす必要があります。立て続けに見たときは、警告の度合いがより大きいのだと受けとめ、いっそう気をつけてすごすことです。

注意したいアクシデントは、交通事故に限りません。車同士の衝突を見たときは、たとえば他人との衝突など、対人トラブルが起きそうだという警告かもしれません。突発的な事故を見たときは、

「このままでは予期せぬ問題に見舞われますよ」ということかもしれません。スピードの出しすぎによる事故を見るのは「急ぎすぎて慎重さを失っていませんか？」「まわりの人や状況をちゃんと見ていますか？」という忠告かもしれません。ときにはあなたのことではなく、身近な誰かの状況を知らされている場合もあります。

いずれにしても、**近未来に起こりうる何かに対する注意**です。どんな意味かは、その人その時期によって違いますから、自分で内観して探るのが一番です。内観してもわからないときは、無理にこじつけて解釈したりせず、「寝かせて」おいてください。心のどこかで意識していれば、いずれわかるときが来るものです。

近未来とは、明日かもしれませんし、一か月後や三か月後かもしれません。ただ、一年たっても結局何もなかったというときには、気をつけてすごしていたおかげで回避できたのだと受けとめ、もう安心していいと思います。守護霊の警告は、絶対にそのとおりになるというものではなく、**気をつけていれば回避できる**ことも多いのです。

タブー
Taboo
41

短命な家系は呪われている

お答え

×

長生きか短命かの違いは、一人ひとりのカリキュラムの違いです。短命だからといって不幸ではないし、呪いも関係ありません。

代々短命な家系だと気になるかもしれません。なかには、「呪われている」などと脅かす人もいるようですが、その考えは、あまりにも短絡的すぎないでしょうか。これは全くの迷信です。この迷信には、「短命イコール不幸」「長生きイコール幸せ」という、単純で深みのない人生観が潜んでいるように思います。

スピリチュアルな視点から言うと、寿命というのは、その人自身が生まれる前に決めてきた「宿命」もしくはカリキュラムです。今度の人生では長生きするほうがいいか、ほどほどの短命のほうがよき学びになるかを、きちんとした理由をもって本人が選んでいるのです。

長生きならいい、短命ならよくないといったことはいっさいありません。長生きなら長生きゆえの苦労や悲しみがあるでしょう。短命なら短命な人生だからこその、ぎゅっと凝縮された充実感や輝きがあるでしょう。寿命とは、その人のたましいがこの世で必要な経験と感動を積むために、一番ちょうどいい年数なのです。

Taboo《タブー》 42

自分が死ぬ夢を見るのは不吉

お答え ×

予知夢でない場合がほとんどなので不吉に思わなくても大丈夫。生まれ変わりを告げるポジティブなメッセージかもしれません。

自分や身近な人が死ぬ夢は、予知夢の可能性もゼロではありませんが、それはめったにないことです。守護霊が「死」というたとえを使ってメッセージを送っていることもあるのです。

「もうすぐ新しい自分に生まれ変わる」か「人生の転機が来るから、いままでの自分をリセットしなさい」ということかもしれません。身近な人が死ぬ夢は、その人自身がいま死にたいほどつらい気持ちでいることを暗示している場合もあるようです。どの意味に当てはまるかは、あなた自身のいまの心境や環境に当てはめて読み解きましょう。

タブー
Taboo
43

悪い星まわりに生まれると一生不幸

お答え

×

占いの結果に洗脳されて、「自分は不幸」だと思い込まないで。スピリチュアルな視点では人生に「不幸」はないのです。

生年月日をもとにした占いで、よくない人生が暗示されていた。名前の画数で占うと、自分の人生は凶と出た。そんなときはショックを受け、悩んでしまうかもしれません。

けれども決して気にしないこと。占いの根拠はあくまでも「統計学」です。生きるヒントにするのはいいけれど、真に受けて落ち込むのはナンセンスなのです。それに、占いにも古今東西ありとあらゆる種類があります。姓名判断ひとつとっても流儀ごとに画数の数えかたが違います。ひとつの占いでよくない結果が出ても、ほかの占いでいい結果が出たなら、そちらを信じて明るく生きてはいかがでしょう。画数の悪い名前がいやでたまらないなら、うじうじ悩み続けるより、改名したり、通称を変えるなど工夫してもよいでしょう。

一番よくないのは「自分は不幸なんだ」と思い込むことです。思い込みとは恐ろしく、いいことがあっても「自分は不幸だから、そのうち悪くなるに違いない」と本人が思っていると、ほんとうにそうなりやすいのです。体育の時間に平均台の上を歩いたときを思い出してください。「落ちたらどうしよう!」と思ったときに限って落ちたのではないでしょうか。人生も同じで、「不幸になる」と思えば不幸になるのです。占いの結果に洗脳されるのは絶対にやめましょう。

世間では占いとスピリチュアルが混同されがちですが、まったく違うものです。スピリチュアリズムは、現世を中心に考える占いと違い、永遠のたましいの視点からすべてを考えます。

人生に起きる「不幸」と思えるできごとも、占いのように短絡的に悪いこと、避けるべきことととは決めつけません。自分が成長できるチャンスと前向きにとらえます。スピリチュアルな視点では人生に「不幸」はなく、あるのはステップアップのための「試練」だけ。試練の多い人生は、人一倍たくさん成長できる「幸せ」な人生なのです。

タブー
Taboo
44

呪った相手に凶事が降りかかったのは、自分のせい

お答え

△

絶対にそうだとは断言できませんが、可能性ゼロでもありません。「人を呪わば穴二つ」。心の底から相手に謝罪してください。

　人を憎んだ経験がまったくないという人は、おそらくほとんどいないでしょう。しかしどんな人間関係のトラブルも、よく見れば「どっちもどっち」で一方だけが悪いということはありません。ですから「自分もいけなかったのでは？」と冷静な内観を重ねることが何より大切。そうするうちに憎しみの感情は浄化され、相手を許せて自分も穏やかになれるものです。

　それができずに憎しみが高じ、相手を呪う気持ちにまでなってしまうと、その念力は「生《い》き霊《りょう》」となって現実を動かすほどのパワーになることがあります。ひとりの人物に対し、相当な念力の持ち主、あるいは複数の人間が、強烈な憎しみの念をいっせいに向けたとき、その人物が何らかのトラブルに遭うことは実際にあるのです。

人間の想いというのは、目にこそ見えませんが、それくらい強力です。だからこそ、ゆめゆめ人を呪ったりしてはいけないのです。まして「丑の刻参り」のような危険な行為は絶対にやめましょう。

自分が強く憎んだ相手が何かのトラブルに遭ったとき、それがほんとうに自分の想念だけのせいかどうかは、もちろんわかりません。しかしその可能性はゼロでもないのですから、すぐに相手に心の底から謝罪の念を送ってください。そこでまた「ざまあ見ろ」と思ってしまうと、カルマはさらに重くなります。相手がけがをしたなら、快復を心から祈ること。亡くなってしまった場合は、心から冥福を祈ること。

昔から「人を呪わば穴二つ」と言います。「他人を呪って殺そうとすれば、自分もその報いで殺される。だから葬るべき穴が二つ必要になる」という意味です。人を呪う気持ちは、遅かれ早かれ、絶対に自分に返ってきます。人を憎むことは、まさに「百害あって一利なし」。誰かを憎む気持ちに気づいたら、すぐに反省してください。そして、日々「よい種」を蒔くよう心がけましょう。

タブー
Taboo
45

相性が悪い人同士で結婚すると不幸になる

お答え

✕

占いで相性が悪くても、仲のよいカップルはたくさんいます。成熟した人格を持つ二人には、相性など関係ないのです。

占いにおける相性など、まったく関係ないと私は思います。占いでは相性が悪いとされる二人が結婚して、非常にうまくいっている例を、現実にも山ほど見ています。

そもそも相性などというのは、ものぐさな発想ではないでしょうか。「この人は友だちとしてはいいけれど、恋愛や結婚の相手にはどうも……」と感覚的に感じることはたしかにあるかもしれません。しかしそれとて、お互いが人格者なら乗り越えられることなのです。人格者同士のカップルなら、足りないところを補い合ってうまくやっていけるものです。

恋愛や結婚の相手とは、料理にたとえると「素材」です。素材と素材が出会い、時間をかけて二人の関係を作っていきます。このときそれぞれが自分を変えず、素材のままでいようとすれば、ぶつかり合うのは必至です。占いで言う相性は、素材の段階の二人だけを見ているのかもしれません。

しかし私たちには、ゆずり合い、折り合う努力ができます。二人の関係を上手に「料理」していけば、どんな素材の二人でもいいカップルになれるのです。「この人といい関係を築き、いっしょに幸せになろう」という愛情と思いやり、意志と努力があれば、難しいことではありません。大変なことでもありますが、やりがいのある、すてきな作業ではないでしょうか。

占いでもうひとつ気になるのは、「不幸」のとらえかたです。二人が結婚して、さまざまな試練に遭う。これは果たして不幸でしょうか。二人がともに力を合わせて試練を乗り越え、絆を深めていくのは、すばらしいことであるはずです。

仲違いして離婚に至っても、それを一概に不幸とは決められません。不和や離婚という経験を通じて、二人が大事なことを学び合い、成長を助け合って別れるのなら、それも二人の人生を輝かせるひとつの大切な絆だったと言えるのです。

タブー
Taboo
46

幽霊をよく視るのは、霊感が強いから

お答え

△

霊感が強くなければ視えませんが、たとえ霊感が強くても、高い波長を保ってさえいれば未浄化な霊を視なくてすみます。

「私ってよく幽霊を視るんです」と、半ば得意げに話す人がいます。霊感という、ちょっと特別なセンスを持った人間であることをアピールしたいのかもしれません。

しかし幽霊を視るのは、得意になるようなことではありません。霊感が強い人でないと霊が視えないのはたしかですが、霊感の強い人全員がのべつまくなしに霊を視ているかというと、そんなことはないのです。

「幽霊」と呼びたくなるような霊は、たいがい浄化していない浮遊霊《ふゆうれい》や地縛霊《じばくれい》の類。そういう未浄化霊を視てしまうのは、自分自身の波長が低いときです。悩みや嫉妬、執着や欲望といったネガティブな波長を発しているときに、同じ波長を持つ霊と引き合い、その姿が視えてしまうのです。どんなに強い霊感の持ち主でも、高い波長を保ってさえいれば、未浄化霊が視えたり、まして憑依を受けたりする心配はありません。

　視えてしまったときは、くれぐれも**霊と目が合わないよう注意**してください。こちらと目が合うと、霊は「この人には視えている」と思って寄ってくるからです。霊には、自分が視えていない人と目を合わせることはできません。目が合ったということは、自分の存在に気づいてもらえたということ。嬉しくなって、とたんに頼ってきたりします。ですから目が合ったらすぐ「私には何もできません！」と念じて伝えてください。同情は憑依を招くので絶対に禁物です。かわいそうと思う心はごく自然な人情ですが、霊を救ってあげられないなら、頼らせるのはかえって気の毒というもの。「私にはどうにもできないから、どうか浄化してくださいね」と言い聞かせてください。

「事故死した人や動物の遺体を見ても、かわいそうと思ってはいけない」と昔から言われたのも、いまの話と理由は同じ。かわいそうと思う波長が、憑依を引きよせることもあるからなのです。

タブー
Taboo
47

「不幸の手紙」や「チェーンメール」はすぐ次の人に送る

お答え

×

便乗して不幸から逃れようとするとかえって不幸になる可能性が。「人を不幸にすることを喜ぶ」というカルマを背負ってしまうからです。

かつて流行った「不幸の手紙」が、IT時代の現在は「チェーンメール」というかたちで続いているようです。「これを受けとった人は○○日以内に○○人の人にメールを転送しないと不幸になる」というものです。

最初に発信した人が「愉快犯《ゆかいはん》」だったとしても、このような脅しがかかったものを受けとれば、恐ろしくなって内容のままに従う人は少なくないかもしれません。「みんながやっているから」という軽い気持ちで流される人も多いようです。

しかし、次の人に送るだけでも大きなカルマができてしまうということを知っている人は、いったいどのくらいいるでしょうか。不幸の手紙やチェーンメールを次の人に送りつけるのは、「人を不幸にすることを喜ぶ」こととほぼイコールですから、そのためにカルマができ、かえって不幸を呼びよせてしまうのです。「送らないと不幸になる」のではなく、皮肉なことに、「送ると不幸になる」のです。

　最初にこれを発信した人に一番大きなカルマが返ってくることは言うまでもありませんが、便乗して後に続いた人たちも結局「同じ穴の狢《むじな》」。カルマは連帯責任なのです。

　不幸を他人に転嫁しようとしたカルマは、たとえば「誰かに責任転嫁される」「いやな役割を押しつけられる」「罪をなすりつけられる」といったかたちで返ってくるかもしれません。ふざけ半分にやったことでも、「カルマの法則」は決して見逃さないのです。

　もしも不幸の手紙やチェーンメールを受けとったら、勇気を持って、あなたのところでストップさせてください。止めたことが原因で不幸になったりはしません。手紙なら焼けばいいし、メールならふつうに削除すればいい。本書付録のCDをかけながら焼くなり削除するなりすれば、いままでにそれをまわした人たちの低い波長も断ち切ることができて万全です。

タブー
Taboo
48

過去に戦争や事件のあった場所に住むのはよくない

お答え

△

土地には過去のエネルギーが残り、住む人間に影響するのはほんとうです。ただ、どんな因縁のある場所も高い波長でいれば気にしなくても大丈夫。

あらゆる土地には、過去の歴史のエネルギーが残存しています。いいことも悪いことも残っていますます。もちろん長い時間をかけて浄化もされていくのですが、強烈なできごとであればあるほど、なかなか容易には消えません。

たとえば戦争。多数の死者を出した自然災害。殺人などの事件や、事故。これらが起きた土地の周辺は、霊感の強い人間にとってあまり居心地のいいところではありません。亡くなった人の霊が浄化できずにさまよっていることもありますし、霊がいなくても、悲しみや苦しみの念がいまなお渦巻いていることが多いからです。

引っ越し先を決めるときは、そういうところに住んでも大丈夫かどうか心配になるかもしれません。たしかに人間は住む土地のエネルギーに影響されるので、慎重に選ぶ必要があります。

　しかし基本的には、過剰に怖れることはありません。P94に書いた、霊感が強くても波長が高ければ未浄化霊は視ないという話と同じで、どんなにエネルギーの悪い土地に住もうと、自分自身の波長が高ければ、影響を受けることはないからです。「自分は絶対にふりまわされない」と確信できるなら、引っ越しても大丈夫です。ほかの面ではその土地をすごく気に入っているのに、「昔、戦争があった」という一点のためにあきらめるのは、いかにももったいない話。それに日本じゅうの歴史ある都市では、ほとんどで戦が起きていますから、すべてを避けていたら大変です。

　それでも心配な人は、やはり避けたほうが無難かもしれません。人間は未熟なので、何があってもつねに高い波長を保ち続けるのは至難の業。またもともと気分のアップダウンや、喜怒哀楽の揺れが激しい人は、そこに住む数年、数十年のあいだ影響を避け続けるのは難しいかもしれません。「私は自信がない」と少しでも思うなら、別の候補地に目を向けたほうがいいでしょう。

タブー
Taboo
49

身近な人を立て続けに亡くすのは不吉なしるし

お答え

×

死別が続くのはつらいもの。けれども不吉なことではありません。彼らの死には「大切に生きて」という前向きなメッセージがあるのです。

「何だかやたらとお葬式が続くなあ」とか「祝い事とお葬式が重なるなあ」という時期を、あなたも経験したことがあるかもしれません。死別が続くと、愛する人を喪った悲しみに加え、「なぜこんなに続くのか」という不安も芽生えるもの。「今度は自分の番では」とさえ思えるかもしれませんが、寿命は宿命です。

立て続けに死を見せられることにも意味があるのです。どうか不吉なとらえかたはしないでください。ひとつの節目や世代交代を意味していたり、「あなたはいま、ちゃんと生きていますか?」という霊的世界からのメッセージだったりするのです。

私のカウンセリング経験から言うと、人生を嘆いていたり、投げやりになって生きていたりする人に、こういうメッセージは来やすいようです。

「人間はみな、いずれこうして死んでいきます。あなたはいま一日一日を大切に生きていますか? 小さなことに不満を覚え、ささいなことに悩み、貴重な命を無駄にしていませんか?」

そう問いかける、愛のメッセージなのです。

Taboo《タブー》 50

自殺の名所などで肝試しをするのはタブー

お答え

○

その場所で亡くなった人たちが未浄化霊となっているかもしれません。ふざけ半分に近づかないことが、何よりも大切です。

「自殺の名所」と呼ばれるところには、自殺で亡くなった未浄化霊がひしめいています。憑依されやすい人は近づかないほうが無難です。

ただし、P94に書いたように、憑依は「波長の法則」の作用ですから、自分の気持ちさえしっかりしていれば大丈夫。でも心のなかに少しでもネガティブな気持ちがあると、ふつうの場所以上に憑依されやすいでしょう。極端になると、自殺した霊に引きずられ、自殺に走ることも。肝試しなどのために、ふざけ半分で自殺の名所に近づくのは、それだけ危ないことだと心してください。

タブー
Taboo
51

古い手紙や写真を捨てるとバチが当たる

お答え

×

思い出や念がこもってはいても、捨てたことでバチは当たりません。心に刻まれたものを大切にして、潔く処分してしまいましょう。

旅行やパーティーなどで撮った写真や、人にもらった手紙は、知らず知らずのうちにたまりがちです。わが家のキャパシティを考えると、いつまでもとっておくわけにはいかない。古いものをバサバサ捨てて気分を一新させたい。そんなときにこれらは悩みの種となるでしょう。写真や手紙はただの紙きれと違い、思い出や、送ってくれた相手の気持ちがこもっているからです。ポイと捨てるには抵抗を感じるし、処分したらバチが当たるような気さえします。

でも安心を。バチが当たることはありません。一生とっておくわけにいかない以上、いつかは意を決して処分するしかないのです。仮に一生とっておいても、自分の死後には誰かが処分することになるのだから同じこと。ほんとうに大事なもの

だけとっておき、あとはいますぐにでも、潔く処分してしまうのもひとつの選択です。捨てても思い出はあなたの心の奥に焼きついています。手紙をくれた人の思いも刻まれています。

　写真や手紙はただの物質だと割り切って、そのままゴミ箱に捨ててかまいません。そのままということに抵抗を覚えるなら、シュレッダーにかけたり、灰皿か何かのうえで焼いたりしてから捨ててもいいでしょう。

　写真のなかでも、心霊写真らしきものは、処分の前にお祓いもしておくと安心です。方法は『スピリチュアル　プチお祓いブック』をご参照ください。ただ、霊的な写真でも、高級な霊のエネルギーを感じさせるものは、とっておいてもかまわないかと思います。

　絵画の類も、何となくいやな感じがするならふつうに処分してかまいません。美術的な価値のある絵は、どこかに寄贈するのもひとつの方法です。お焚き上げは特に必要ありませんが、そのままがしのびなければ、本書付録のCDを流していったん浄化させてから手放してください。

Taboo column 3

戦いや殺人が出てくるゲームや映画、テレビに興じると、たましいを汚しかねません

最近の残虐な殺人事件には、「人間の心が壊れつつある」という思いを強くします。みなさんも心を痛めていることでしょう。しかし心を痛めている私たちも、知らず知らずに正常な心を失いつつあると言えば驚くでしょうか。「自分に限ってそんなことはない」と否定するでしょうか。

現代人の生活は、人間らしい心を失わせる〝便利なもの〟に満ちています。こうした利器は使いかた次第ですが、コンピュータや家電製品は、便利を当たり前とする横着な心も生んでいます。携帯電話やメールは、面と向かってきちんとコミュニケーションできない人間も増やしています。

私が問題だと感じているのは、多くの家庭にあるゲームです。ゲームは架空の世界で遊ぶ娯楽にすぎず、何の問題もないと考える人が世の大半かもしれません。しかし最近のゲームは、バーチャルでありながら非常にリアルさを感じさせます。そんな世界に遊んでいると「自分は大丈夫」と思

っていても、無自覚のうちに現実とバーチャルの区別がつかなくなってしまいます。特に戦いや殺人が出てくるゲームにばかり興じていると、たましいを汚しかねません。これは残酷な内容のテレビ番組や映画にも言えます。

　スピリチュアルな視点で見ると、思い、言葉、行為の三つはまったく同じ意味を持ちます。現実に人を殺さなくても、バーチャルな映像の世界で「殺してやる!」「死んでざま見ろ」などと思うことは、殺人のカルマを背負うようなものなのです。架空のその世界では、殺すべき標的が悪者や敵であるなど、何かの大義名分があって殺すのかもしれません。しかしその悪者もひとりの人間で、家族があり、愛された生い立ちもあると想像すれば、とても殺せないはず。しかし「相手の背景を想像する」という人間的な感性をバーチャルな映像は失わせ、平気で人を殺せる心を育てかねません。

　すべてのゲームを否定するわけではありません。しかし少なくとも、実際にやれば逮捕されるようなことのシミュレーションゲームは、子どもにさせるべきでないと声を大にして言いたいのです。

第四章

スピリチュアルな タブー partⅡ

ちょっとディープなスピリチュアル体験。
意外とあなたの身近に起こっていることも。
いざというときに役に立つタブーの真相。

〈タブーの判定〉

○ スピリチュアル的に真実なタブー

△ 真実とも迷信ともいえないタブー

× 信じる必要のない迷信的なタブー

タブー
Taboo
52

守護霊はどんな災いからも守ってくれる

お答え

×

守護霊はあなたの「たましいの親」。あなたの人間としての成長を心から願っているからこそ、トラブルも敢えて経験させます。

よく自分の守護霊にお願いごとをしている人がいますが、これは間違いです。守護霊は、私たちの望みを叶えてくれる魔法使いではありません。

守護霊は私たちのたましいの成長だけを願っています。願いごとが現世利益でしかなく、かえって成長の邪魔になるような場合は、叶えたりしません。たとえば、ある人の守護霊が「宝くじで1億円当てたい」という願いを安易に叶えたら、その人は成長するでしょうか。懸命に働いて人に尽くそうとする心、1円にさえ感謝できる心が育つでしょうか。成長どころか堕落をもたらしかねない願いごとは、ちゃんと聞いてはいても、即座に却下してしまいます。

逆に、あなた自身の成長のためになることなら、敢えて試練に遭わせることもいとわないのが守護霊です。目先の快楽ではなく、試練を乗り越えて成長することこそが、あなたの揺るぎない幸せに結びつくと知っているからです。

守護霊は、厳しくもやさしい「たましいの親」。ときに厳しくするのは、根底に、誰よりも深いあなたへの愛があるからです。

したがって、守護霊がどんな災いからも守ってくれるということはありません。トラブルから守られてばかりいる人間が強くなれないのは、過保護な親を想像すればわかるはず。子どもが転ばないよう、子どもの歩く先々の石を親が拾い集めていたら、その子はどうなるでしょう。自分で危険を回避できない、鈍い人間になるかもしれません。転ぶ痛みを知らないため、人の痛みへの想像力も乏しくなるでしょう。すると不幸なのは本人です。

過保護は子どもを幸せにしないのです。

守護霊も同じ。あなたが壁にぶつかり、もがきながらも大事なことを学びとるのを強く願っています。苦難を経験した分だけあなたは成長し、他人にやさしくなれるのです。

タブー
Taboo
53

因縁はすべて取り除いたほうがいい

お答え

×

因縁の影響を受けるかどうかは本人の波長しだいです。また、因縁のない人はいません。人は因縁があるから生きているのです。

「あなたは因縁が強い」「因縁の強い家系だから不幸なのです」などと霊能力者に言われれば、あなたもショックを受けるかもしれません。しかしそこで除霊などをしてもらっても、一時しのぎにしかならないことを知ってください。肝心なのは自分の波長。「因縁が強い」と言われたショックで波長が下がることのほうがタブーです。

過去に残虐なことをした先祖などがいる場合、そのために苦しめられた人たちの未浄化霊が、子孫である自分たちに霊障を及ぼしてくる可能性はたしかにあります。しかし怖れる必要は何もありません。その家系の人間がみな、必ず霊障を受けるわけではないからです。どんな事象にも「波長の法則」が働きます。**未浄化霊の影響を受けないよう、波長を高く保って**いれば絶対に大丈夫です。

自分の先祖がよくないことをしたとわかっているなら、霊障を避けようとびくびくするより、そのために苦しんだ霊たちに償おうとするほうが、よほど愛のある生きかたではないでしょうか。大げさなことをしなくてもいいのです。浄化をただ祈るだけでも霊たちは心を動かされますし、いまできる範囲で、ボランティアをするなどプラスのカルマを積むのもいいことだと思います。

それにしても「因縁」という言葉は、なぜこうも暗く怖ろしく響くのでしょう。因縁とは、つまりカルマです。**人間誰しも、克服すべきカルマがあるからこの世に生まれ、いまも生きているの**です。巷には「あなたの因縁をすべて取ります」という霊能力者もいますが、霊能力者が相談者のすべてのカルマを取ってしまったら、その時点で相談者はこの世で生き続ける必要がなくなってしまいます。

しかし、現実的にはすべての因縁を他人が取り除くなど、あり得ないこと。カルマは本人の思い、言葉、行為の変化によってしか、解消されないのです。

タブー
Taboo
54

霊能力者や占い師のお告げに従わないと不幸になる

お答え

×

人生には、自分自身の学びに必要なことしか起きません。びくびくしながらお告げに従うより、のびのびと楽しく生きてはいかが。

いつも決まった霊能力者や占い師に、ことあるごとに相談している人は少なくないようです。あくまでもヒントとしてその助言を受けとめ、自己責任で自分の人生を生きることができていれば問題ないのですが、彼らの言葉に縛られ、ふりまわされている人もたくさん見受けます。「今月は○○の方角に行かないと不幸になると言われた」「名前を○○に改名しないと災いに遭うと言われた」などと言って脅えているのです。

そういう人たちに私は「自由に生きましょう」と言いたいです。霊能力者や占い師の言葉に完全に呪縛されてしまう人は、そもそも相談に行くこと自体が不向きなのです。ほんとうは南の島に行きたい気分のときに、南は凶だと言われて北国を旅しても楽しいでしょうか。親がつけてくれた名

前を心から好きなのに、画数が悪いからと妙な名前に変えさせられて、嬉しいでしょうか。
　永遠に生きるたましいの視点から見ると、この世に生きている時間は、自分のたましいに膿のごとくたまっている負のカルマを返済する貴重なチャンスです。ならば、そんな自分の未熟さに向き合い克服するためにも、『正』の経験ばかりでなく『負』の経験さえもどんどん積んでいったほうがいいのでは、と考えます。
　たまった膿はいつか出さなければなりません。凶とされる方角を避け、改名までしてよくないできごとを避け続けるのは、せっかく出演できたクイズ番組で、解答をパスし続けるようなもの。何のために出演しているのかわかりません。
　どんなに最悪と思えることが起きても、それは自分の膿出しに必要なことだから起きたのです。裏を返せば、人生に自分に必要のないことはひとつも起きません。たまたまの不運で降りかかる災難なんてないのです。自分の器以上の悲しみも喜びもやってきません。すべては自分の成長の糧と信じる前向きさこそ、幸せの鍵なのです。

タブー
Taboo
55

オーラは自分で強くできる

お答え

〇

「幽体のオーラ」と「霊体のオーラ」、どちらも自分で強くできますが、人格の向上が必要な後者の強化は一朝一夕にはいきません。

オーラには、大きく分けて二種類あります。

ひとつは「幽体のオーラ」で、いまの健康状態を表します。身体の前後左右から出ていて、暖色系の色を放っていればおおむね健康。寒色系やくすんだオーラが出ている部分は、疲労しているか、肉体的な不調が表れている可能性があります。

もうひとつは「霊体のオーラ」で、精神状態を表します。感情や性格的な特徴、たましいの境地までも表します。私が「オーラ」と言うときは、ほとんどこちらの意味です。

どちらのオーラも自分自身のたましいの輝きなので、自分で強くすることは可能です。特に「幽体のオーラ」を強くする方法は単純明快で、健康的な生活を心がけるといいのです。

一方の「霊体のオーラ」を強くする方法は、人格を高めるということに尽きます。「言うは易く行うは難し」で一朝一夕にはいきません。人格を高めるには、つらいこと、悲しいことも含め、経験と感動を無数に積む必要があります。そうして初めて人生の叡智や深い愛がたましいにそなわり、輝く大きなオーラとなって表れるのです。

以上をふまえると、「あなたのオーラを強くしてあげます」と言う霊能力者は、嘘をついているか、霊的なことがわかっていないと言えます。また、「オーラが黒い」と言う霊能力者も、正しくオーラを視ていません。オーラはくすむことはあっても、黒いことはないからです。オーラが黒いのは遺体だけ。生きている人のオーラには必ず色彩があります。

ところで最近、オーラに対する興味から「オーラ写真」が巷で人気のようです。性格や健康状態などが分析されるそうですが、オーラ写真に写るオーラと、私が霊視するオーラとは違っています。私に視えるオーラは、当然ながら平面ではなく人間を立体的にかこむ卵型。そして人間自体が発光していて、もっと光り輝いています。

タブー
Taboo
56

悪い霊に憑かれたときはお祓いしてもらえばいい

お答え

×

憑依は「波長の法則」で起きるのです。未浄化霊と引き合ってしまった自分の未熟さを改めない限り、お祓いも一時しのぎにしかなりません。

憑依は恐ろしいものと思われがちですが、怖れる必要はありません。憑依というのも結局「類は友を呼ぶ」という「波長の法則」で起きるもの。波長を高く保てていれば、未浄化な霊に憑かれることは絶対にないのです。

また、ちょっとした憑依なら、私たちは日常的に受けています。特別に強力な未浄化霊による憑依でない限り、気づかずにすぎているだけです。

未浄化霊に憑かれたにせよ、それをむやみに怖がるのはどうでしょうか。憑依霊とはあなたの「鏡」であり、生きた肉体こそないけれど「気の合うお友だち」です。その霊を怖れるのは、自分自身が怖いと言っているようなもの。怖れるくらいなら、自分の心にある怖さ、未熟さを直視し、少しずつでもなくしていくよう努めたほうがずっ

と前向きです。

私はいつも言っています。「憑く霊が悪いのではなく、憑かれるあなたが悪いのです」と。うじうじと悩んだり、妬んだり、イライラしてカッとなりやすいときは、波長が低くなっているので憑依も受けがちです。「最近、気持ちが荒れているな」と気づいたら、早めに心の安定に努めたいもの。本書付録のCDを聴きながら、ネガティブな想念を反省し、浄化させるのもいいでしょう。

深刻な憑依に至ってしまうと、ネガティブな感情がよりいっそう増幅され、現実にもトラブルが増えてきます。そこまでになると、いくら有能な霊能力者に除霊をしてもらったところで、一時しのぎにしかなりません。自分の波長を反省し、変えていかない限り、また同じ霊か、似たような未浄化霊に憑依されてしまうでしょう。

悪質な憑依を避けたければ、まずふだんから人格を高めておくこと。すでに憑依を受けてしまったなら、自分の何が間違っていたかに気づき、一歩でも成長してください。あなたが成長すれば、憑依霊も感化され、浄化して離れていきます。

タブー
Taboo
57

夢がことごとく正夢になるのは、悪質な霊のしわざ

お答え

×

正夢は霊とは無関係ですし、怖がる必要もありません。正夢の意味は、ありがたい「忠告」や、何かの大事な「お知らせ」なのです。

見たままの内容があとで現実化する夢を「予知夢」と言います。「正夢」とも呼ばれます。

これもP78に書いた「スピリチュアルドリーム」の一種。スピリチュアルドリームの一番の特徴は、鮮明なフルカラーであることです。夢の映像が鮮明なフルカラーで、かつ何かを訴えかけるようなメッセージ性が感じられれば、予知夢である可能性が高いでしょう。

予知夢を立て続けに見るのは、霊的感覚が鋭敏になっているときです。怖いと思いがちですが、悪い霊のしわざではありません。気にしすぎず、深追いせず、冷静に受けとめてください。

予知夢には二種類あります。

ひとつは宿命的な予知夢。そうなることが宿命として決まっているできごとを見せられる夢で、

人の死や天災にまつわる内容も多いようです。宿命ですから、見た夢の内容を回避することはできません。受け入れるしかないのです。

とは言え怖がらないでください。この種の夢を見せられるのは、その内容を心に留めておけば、いざ現実となったときに、あなたが落ち着いて対応できるからです。いわば、霊的世界の愛のはからいによる「お知らせ」なのです。私自身、中学時代に母親の葬式の夢を見ました。まもなく現実化してしまいましたが、前もって夢で見ていたことで少し覚悟ができていたのかなと、いまふり返れば思います。

もうひとつは運命的な予知夢。「いまのあなたのままでいればこうなりかねないけど、軌道修正すれば回避できますよ」という夢です。こちらは予知としてより、「忠告」としての意味合いが強いと言えそうです。この種の夢を見たら、内容をよくふり返ってください。夢そのもののなかに、回避するためのヒントも暗示されているものだからです。それを的確にとらえ、状況を改善するよう努めれば、夢の現実化は未然に防げます。

タブー
Taboo
58

頼りになる霊能力者を見つければ、一生安心である

お答え

×

人生は「責任主体」で生きてこそ。霊能力者に依存するのは間違いです。依存させるような霊能力者も、霊的真理をわかっていません。

人生の指針を求めたいときに、霊能力者の言葉もひとつのヒントにはなると思います。しかし霊能力者に依存しきって生きるのは間違いです。人生の主人公は自分。いかに生きるべきかをまずは自分で考え抜き、判断できないなら、霊能力者のどんなによき助言も正しく生かせないでしょう。

霊能力者に依存したがる人は、「波長の法則」で、相談者を依存させようとする霊能力者と出会いやすい点にも要注意です。そんな霊能力者は往々にして霊的真理を理解していません。依存させようとすること自体、霊的真理に反しているのです。たとえば次のようなことを言う霊能力者にはご用心。

1、「あなたの病気を治しましょう」

スピリチュアルな視点では、私たちが経験する病気の多くは自分自身の思いぐせが肉体に表れた

ものです。病気になって自分の思いぐせを見つめ、反省し改めることで、軽快するのです。病気はよき学びの機会であり、霊的真理に目覚めるチャンスです。それを霊的能力でただ治すだけなら、その霊能力者は真理をわかっていないと言えそうです。大切なのは、病気をきっかけにたましいが成長すること。霊的な目覚めのない癒しは、根本的な解決に至りにくいのです。

2、「これを買えば幸せになれます」

幸せを呼ぶというふれこみのものを高額で買わせる霊感商法にはだまされないように。そういうものに飛びつくのも依存です。霊的世界の高級霊は、物やお金では動きません。何かを持つ人だけを特別に幸せにすることなどあり得ないのです。

3、「あなたのライバルを呪ってあげます」

相談者の望みであっても、不倫や略奪愛の成就といった、第三者を犠牲にする「幸せ」を叶える霊能力者は、絶対におかしいと思ってください。その霊能力者も、相談者も、重い負のカルマを背負います。そういう霊能力者にいたずらにかかわった結果、たちの悪い憑依を受けた人もいるのです。

タブー
Taboo
59

金縛りに遭ったときはお経が効く

お答え

△

「霊を絶対にはねのけるぞ」という念力の強さが決め手です。お経がすべてではありませんが、念力の補助にはなります。

寝ているときに、ふと何者かに押さえつけられたかのように、身体をまったく動かせなくなる。これは心霊現象のひとつで「金縛り」と言います。経験者もきっと少なくないでしょう。

ただ、「金縛り」として自覚される現象のなかには、霊的なことと関係のないものもあります。いわゆるレム睡眠の状態です。意識は醒めているのに、肉体は眠っていて動かないため、金縛りと勘違いされがちですが、こちらは気にしなくていいのです。心霊現象としての金縛りか、単なるレム睡眠の勘違いかは、次のポイントで見分けてください。心霊現象なら、前兆として「ザーッ」という雑音があたりを渦巻いているように感じ、耳鳴りやめまいを覚えます。そのあとふっと一瞬の間が空き、いよいよ本格的に動けなくなります。

そして霊がそばにいる気配や、何者かが身体に上ってくるような感触を覚えます。

金縛りに遭うと怖ろしい思いをするものですが、途中で解けるコツがあるのでぜひ覚えておくといいでしょう。耳鳴りやめまいのあとにふっと一瞬の間が空く、このときが勝負なのです。ここで丹田に力を入れ、息を思いきり吐くか、霊をはねのける気持ちで全力で寝返りを打ってください。そうすれば金縛りから解放されます。

もうひとつ有効なのは、お経です。「南無妙法蓮華経」でも「南無阿弥陀仏」でもかまいません。大事なのは、念力の強さです。お経がすべてではありませんが、念力の補助にはなります。ふっと空く一瞬の間をとらえて、一心に唱え続けるうちにたいていの金縛りは解けていきます。
金縛りにかかわる霊は、言うまでもなく未浄化霊です。金縛りに遭うこと自体、自分の波長が低くなっている証拠なのです。場所に起因する金縛りももちろんありますが、自分の波長がしっかりしていれば何も起きません。もし遭ってしまったら、波長の安定をいっそう心がけましょう。

タブー
Taboo
60

自分の〝分身〟を見るのは悪い予兆

お答え

○

まれにしか起きない現象ですが、よくない兆候である場合も少なくありません。気を引きしめてすごしてください。

心霊研究の世界で「複体《ふくたい》」と呼ばれる現象があります。「ダブル」または「ドッペルゲンガー」とも言います。人間の幽体は、ふだんは肉体と重なっていますが、幽体が肉体から離れ、別の場所にいるときがあります。そのときの幽体を第三者や自分自身が目撃したときに、「誰々の複体を見た」「これは複体現象だ」などと言うのです。

幽体離脱そのものは珍しいことではありません。睡眠中などは誰もが幽体離脱して、肉体はこの世で休み、幽体は霊的世界を旅しています。

しかし、肉体から離脱した幽体を、第三者や自分自身が目撃するという現象は、非常にまれにしか起きません。起きるのは、死や身体的危機がからんでいるときが多いようです。自分の複体を誰かに見られた、または自分で見たというときは、しばらく注意してすごさなければなりません。

　昔からよくあるのは、たとえば、最近見かけなかったおじいさんが銭湯に来ていた。「ああ、元気になったんだな」と思ったら、ちょうどその時刻に亡くなっていた、などというケース。

　こんな話もあります。ある男性がアジアを放浪中に身体を壊し、宿で生死の境をさまよった。そのとき、近くの道を彼が歩く姿を友だちが目撃した。このケースも、本人が死を覚悟するほどの危機にあったため、複体現象が起きたのでしょう。

　自殺で亡くなった昔のある文豪も、死の前に自分自身の姿を見たそうです。死を強く意識していたために、この現象が起きたのかもしれません。

　死や身体的危機とはまったく関係ない複体もあります。たとえばイタリアの故ピオ神父は、修道院から一歩も出ていないのに、「ピオ神父が家に来て病気を治してくれた」と証言する人が後を絶たなかったといいます。私もよく、行ってもいない場所で「見た」と言われます。なかには複体を見た人もいるかもしれませんが、あなたの守護霊が「江原さんの姿を使ったほうがわかりやすい」と判断して見せていることもあります。

お答え

×

タブー
Taboo
61

守護霊はときどき供養しなければならない

供養というのは、浄化していない霊に対してするもの。高度に浄化した守護霊に供養はいっさい必要ありません。

守護霊も霊には違いありませんが、亡くなったばかりの人の霊とは浄化の度合いが違います。守護霊となって私たちの人生を指導するほどの霊は、非常に高級な霊たちなのです。

したがって守護霊に供養など無用です。供養とは浄化していない霊のためにするものだからです。「あなたの守護霊を供養しましょう」などと言う霊能力者は、霊的真理をわかっていない証拠。また「守護霊をつけてあげます」「守護霊を替えてあげます」と言う霊能力者にも要注意。人間が守護霊をつけたり替えたりすることはあり得ません。

タブー
Taboo
62

おみくじの結果が悪ければ引き直す

お答え

×

神様に助言をお願いしておきながら、いただいた結果を否定するのはルール違反ですし、失礼なことです。おみくじは一度きりと心して。

神様や守護霊からのメッセージが託されるおみくじは、襟を正して受けとりたいものです。引く日は、神社やお寺に向かう前から目的を明らかにしておきましょう。参拝のときも「本日はお言葉をちょうだいしたいと思います。よろしくお願いします」と念じます。引いたおみくじで重視したいのは最初の一文。いまの自分にとって的を射たメッセージがそこに読みとれるでしょう。大吉とか凶とかいう部分はあまり関係ないので、気にしなくていいのです。

結果が気に入らないからといって引き直すのは、神様に対して大変失礼なこと。助言をお願いしておきながら「その助言は気に入らない」と言っているのと同じだからです。おみくじは一日に一度きり。翌日すぐに引き直すのも考えものです。

結果が気に入らないからと、やり直すのはルール違反なのです。厳しい暗示でも受け入れ、反省と、改善の努力をすることが必要です。出た結果をポジティブに生かせない人は、はじめから引かないほうがいいでしょう。

タブー
Taboo
63

急に物がなくなるのは悪い霊のしわざ

お答え

×

自然霊による「物品移動」という現象かもしれません。ただし、起こしているのは悪い自然霊とは限りません。

自分の不注意や物忘れのせいではなく、ほかの誰かがふれたわけでもないのに、あったはずのものがなぜか突然なくなった。どんなに必死に探しても見つからない。まるで「神隠し」と呼びたくなるような、そんな現象があります。

あるいは逆に、そこになかったはずのものが突然、出現した。誰かが持ってきたわけでもない。これにも狐につままれた思いがするものです。

心霊研究の世界では、前者を「アスポーツ」、後者を「アポーツ」と言い、あわせて「物品移動」現象と呼んでいます。

多くは自然霊の関与で起きています。自然霊とは、この世で姿かたちを持ったことの一度もない霊のこと。私たちがお稲荷さんと呼ぶ霊がそうですし、龍神、天狗といった霊、草花や樹木に宿る妖精（フェアリー）も自然霊です。

自然霊が「物品移動」を起こすのにはさまざまな理由があり、一概に悪い現象とも言えません。たとえば、なくなることで持ち主の身を守ることもあります。私自身の経験を言うと、自分が乗っている車が別の車に衝突したことがあります。後

部座席にいた私は無傷でしたが、肌身離さずつけていた水晶は、忽然《こつぜん》となくなっていました。あの水晶は、なくなることで持ち主である私の身代わりになり、守ってくれたのだと思います。P133に出てくる、お守りやパワーストーンが壊れる話もこれと似ています。
「物品移動」現象は、目の前に突然何かを運んできて見せることで、危険などを知らせることもあります。また、誰かを思い出させる役割を果たすこともあります。亡くなった父親の遺品が、ある日なぜかリビングのテーブルの上にあった。その日は父親の命日であった、という場合です。
ときには、どちらかと言うと低級な自然霊が、人間をからかうための、単なるいたずらでやることもあるようです。

タブー
Taboo
64

悪寒が走るのは、憑依されたしるし

お答え

△

原因不明のいやな寒気は、憑依された可能性もあります。鏡で自分の顔をチェックし、簡単な自己除霊法を行ってください。

寒いわけでもなく、自分に熱があるわけでもないのに、ぞくぞくっと悪寒が走る。身体をあたためても収まらない。もしかしたら、この場合、未浄化霊に憑依された可能性もあります。

ある場所に着いたとたんに悪寒が始まったというときは、その土地の波動が霊的によくないのかもしれません。すきを見せないように心を引きしめ、一刻も早くその場を立ち去ったほうが無難でしょう。神社のような聖地にもある種の涼気が漂っていますが、それと悪寒は全く別のものです。

ひどい悪寒がやまず、もしかすると憑依を受けてしまったかもしれないと思うときは、まず鏡を見てみてください。憑依されているときは、顔つきがふだんの自分と違っているはずです。鏡のなかに、自分であって自分でないような、何となく

目つきの悪い自分がいるかもしれません。疑わしいときは、自分でできる簡単な自己除霊法を行うことをおすすめします。

ひとつは私のよく言う「入浴法」。ぬるめのお風呂にじっくりつかって汗を流すというものです。湯舟につかってあたたまり、外に出て身体を洗うということを2回以上くり返す「反復浴」には、特に高い効果が期待できます。これをするだけで汚れたエクトプラズム（肉眼に見えない生体エネルギー）が全身の毛穴という毛穴から出て行き、ネガティブな霊的エネルギーも浄化されます。

もうひとつは、背中を叩くこと。私たちの背中の上のほう、ちょうど左右の肩胛骨のあいだあたりには、霊的なエネルギーの出入口があります。霊の憑依を受けるとき、邪気が入るのも、その出入口を通じてです。そこをパンパンと叩いて、邪気を追い出してください。

毎日鏡をよく見て、「今日の自分の笑顔はどうかな」とチェックするのもよい習慣です。

これらの対処法も有効ですが、一番は「波長の法則」。未浄化霊を引きよせない強さを持ちましょう。

タブー
Taboo 65

前世を知れば幸せになれる

お答え

×

前世が誰だったかは関係ありません。どんな課題を持ち越しているかを知り、今度こそそれをクリアしようと努力することが前世を知る意味です。

スピリチュアルなことに興味を持つ人のなかには、前世を知ることに強いこだわりを持つ人がいます。前世を知ればそれだけで悩みが消え、幸せになれると思っているのかもしれません。

私自身、テレビ番組でゲストの前世を霊視することがありますが、あれはあくまでも霊的世界の存在を感じていただくためのデモンストレーションです。前世など知らなくてもいいのです。

それでも前世を知りたければ、知るのもいいでしょう。前世の生涯を知ることが、いまの人生に有効に働く場合もあるからです。自分自身の思いぐせの由来や、わけのわからない恐怖の正体がわかって、心のもやもやが晴れ、前向きに生きられるようになる人もたくさんいます。

ただしそこで大事なのは、前世の自分が「どこの誰だったか」ではありません。「どんな課題を持ち越してきたか」です。前世には果たせなかったその課題を今度こそクリアしようと決意し、具体的に努力することが大切。いまのこの人生をよりよく生きることが、前世を知る意味なのです。

タブー
Taboo
66

パワーストーンが壊れるのは不吉

お答え

×

壊れることで、あなたの身を守ってくれたのかもしれません。そのことに感謝し、しばらくは気を引きしめてすごしてください。

水晶などのパワーストーンは、エネルギー的なサプリメントとして、身につける私たちを守ってくれます。パワーストーンが壊れたり、ひびが入ったりすると不吉に思うかもしれませんが、「身代わりになって壊れてくれたんだ」と受けとめ、感謝してください。「不吉なのかな?」とネガティブにとらえると、波長を下げてしまいます。しばらくは気を引きしめてすごすようにだけ心がけ、必要以上に気にしないようにしましょう。

壊れてしまったパワーストーンを持ち続けても、縁起が悪いということはありません。一番いいのは土に埋めることですが、愛着があれば「お疲れさま」という気持ちで飾っていてもかまいません。

Taboo《タブー》 67

突然いやな匂いがしてきたときは、そばに霊がいる

お答え ○

具体的な原因がないのに何かの匂いが感じられるのは、「芳香現象」という心霊現象かもしれません。

心霊研究の世界で「芳香《ほうこう》現象」と呼ばれる現象があります。原因となるものがその場に存在しないのに、何かの匂いが感じられるという現象です。物理的な原因がないわけですから、肉体の鼻や嗅覚でとらえているのではありません。霊的感覚でとらえているのです。ですから霊的感覚があまり開かれていない人には感じられません。

たとえば動物のような匂い。俗に「獣《けもの》くさい」と言われるような悪臭が、動物がいるわけでもないのに突然してきたときは、何らかの霊が近づいてきたと考えられます。悪臭であるからには未浄化な霊です。こちらが毅然とした態度でいれば悪い影響は受けませんが、そういう霊と同じ波長で引き合った自分を反省したいものです。

いい意味の「芳香現象」もあります。お香のよ

うなかぐわしい匂いや、花のようなやさしい香りがフワッと香ってくる。そういうときは、高級な霊が見守っている知らせです。

「金粉《きんぷん》現象」と呼ばれる心霊現象もあります。手のひらなどに、突然キラキラと光る粒が浮き出るというものです。物理的な原因がまわりに見あたらないときは、この現象かもしれません。

「金粉現象」は自然霊の働きで起こります。ただし高級な自然霊とは限りません。現象が起きた土地に起因していることもよくあります。特にいい意味も悪い意味もない現象なので、深追いする必要はありません。ただ、**金粉が出るのは、本人の念力が強まっているとき**ではあるようです。

物が勝手に動いたり宙を飛んだりする心霊現象は**「ポルターガイスト（騒霊）」**です。日本ではあまり起きませんが、欧米のオカルト映画で観た人は多いでしょう。映画では恐ろしく描かれていますが、この現象に慌てることはありません。毅然とした態度で、霊に何を言いたいのか尋ねてください。霊はこちらを困らせたいというより、何かを訴えるために現象を起こすものだからです。

タブー
Taboo
68

一度入信した宗教団体を退会すると不幸になる

お答え

×

高級な神仏とかかわっている宗教ならやめていく人を不幸にしたりしません。「やめると不幸になる」という思い込みをもつほうがタブーです。

宗教団体に入ると、「この信仰に出会えたことであなたは幸せになれます」「いままではこの宗教を信じていなかったから不幸だったのです」といった類のことを何度となく言われ、自分でもそう感じたりするかもしれません。

一度その思いが強烈に刻まれると、のちにその信仰をやめたいと思ったときに大きなネックとなるようです。退会することで、天に見離されてしまうのではないか。バチが当たって、とんでもない不幸に見舞われるのでは。そう思えて恐ろしくなるのです。退会を阻止したがる宗教団体側から、そのように説得される場合もあるかもしれません。

しかしいっさい気にする必要はありません。退会したいと自分が思うなら、そこで得たものには感謝しながら、毅然として去っていけばいいのです。ひとつの宗教を信じることも、やめることも、みずからの主体性において決めるべきことのはず。自分の思いさえしっかりしていれば、悪いことなど何も起きません。

やめることよりも、「やめると不幸になる」という思い込みを持つことのほうがタブーです。何度も書いてきたように、その思いが実際に不幸を呼んでしまうことがあるからです。負の方向に思いの焦点を当てると、かえって負のエネルギーが現実化してしまうのです。

もうひとつ冷静に考えたいのは、「退会した人を不幸にするような神様がいるだろうか」ということ。そんなたちの悪い神様がもしいるなら、かかわらないほうが身のためです。どのみち信仰をやめて正解だったと思えばいいでしょう。

高級な神仏とかかわっている宗教なら、もっと寛大なはずです。退会する人にも、「ここを去ってからも、この信仰から得たものを大切にして、しっかり生きてくださいね」とやさしく見送るのがほんとうではないでしょうか。

やめていく人を脅すような宗教団体は、論外だと言っていいと思います。

タブー
Taboo
69

ラップ音は不幸が訪れる予兆

お答え

△

霊的感覚で聴くラップ音は必ずしも悪いものとは限りません。いろいろな音色があり、意味も音色によって違います。

ラップ音は心霊現象のひとつで、物理的な原因がないのに霊的感覚で感受される音のことです。鳴らしているのは、その場にいる霊であったり、守護霊であったりとさまざまです。いずれも何かを知らせたい場合に鳴らすようです。

意味は、音色によって違います。大雑把に言うと、ドーンといった大きな音は警告であることが多く、繊細な音、金属的な音は、霊的存在からほめられている場合が多いようです。いやな感じがするラップ音を聴いたら、その場で柏手《かしわで》を打ってお祓いしておきましょう。

タブー
Taboo
70

こっくりさんをすると祟られる

お答え

○

単純な降霊術に手を出すのはかなり危険なこと。そのへんにいる低級な霊にもてあそばれるのがオチです。

「こっくりさん」はきわめて単純な降霊術《こうれいじゅつ》です。呼び出されてくるのは、そのへんにいる低級な霊ばかり。「当たる」からといって夢中になる人たちもいますが、低級霊だけに悪さもしますし、重い憑依を受ける可能性もあります。面白半分のつもりでも、大変危険な行為ですから、絶対に手を出さないでください。「キューピッド様」も、名前だけ聞くとやさしそうですが、実体は「こっくりさん」と変わりません。

超常現象に対する興味から、幽体離脱などをマスターしようと我流で訓練する人たちもいますが、これも非常に危険です。霊的にじゅうぶんな訓練を積んでいない人が安易に手を出すと、霊的なバランスを崩し、体調や精神面に支障をきたすことさえあるのです。

未来を知りたい。好きな人の気持ちを知りたい。異次元をかいま見たい。いろいろな動機で「こっくりさん」や幽体離脱の訓練をするのでしょうが、興味本位で行うと、あなた自身の波長も下がってしまいます。

Taboo column 4

霊的真理をわかっていない霊能力者の不吉な予言に落ち込むのはタブーです

　スピリチュアルがブームと言われるなか、霊能力者やスピリチュアル・カウンセラーが雨後の筍のごとく現れて活動しています。そのなかには信用できる人とできない人がいて、いままさに玉石混淆の状態のよう。本書でも「こんな霊能力者には注意」と書いてきましたが、書ききれなかったことを最後に補足しておきましょう。

　まず、自分には○○の神がついているとか、降りてくると言う人を信じるのはタブーです。この世にやすやすと降りてくるような神はいません。神はきわめて崇高なエネルギーですから、低俗な波長を持つこの世になど降りてこられないのです。また、神というのは人間が作った言葉ですから、神が自分を「神」と言うのはおかしな話です。

「あなたは近々、不幸に見舞われる」といった不吉な予言だけして、その対処法まで助言してくれない霊能力者を信用するのもタブーです。

　人生に起きるできごとには、運命的なものと宿命的なものがあります。運命的なできごとは自分の意志や努力で変えられます。宿命的なできごとは、たましいのカリキュラムとして定められていることなので、意志や努力では変えられません。

霊能力者が言う「不幸」が両者のどちらであるにせよ、言いっ放しにするのは不親切です。運命的

なことなら、「いまのあなたのままではこうなりそうですが、こういう点を改めれば避けられますよ」という対処法まで具体的に助言するべきです。宿命的なことなら、霊感で察しても相談者本人に伝える必要はないはず。たとえば寿命は宿命ですが、「あなたは三年後に死にます」と言われてネガティブにならない人がいるでしょうか。「聞かなかったほうがまし」と相談者を激しく落ち込ませるような話は、事実上の脅しでしかないのです。

霊的真理をきちんと理解した愛のある霊能力者は、そんな間違いは犯しません。不吉なことを言うだけの霊能力者にあたってしまったら、「この人は霊的真理がわかっていないのだから、言うことを真に受けなくてもいい」と思えばいいでしょう。

江原啓之　えはら・ひろゆき

1964年東京生まれ。スピリチュアリスト、オペラ歌手。1989年にスピリチュアリズム研究所を設立。英国で学んだスピリチュアリズムを取り入れ、カウンセリングを開始（現在休止中）。現在は雑誌、講演、テレビなど、各方面で活躍中。また、CD『小さな奇跡』『愛の詩』（ともにソニー・ミュージックレコーズ）などをリリースする他、オペラ歌手として数々のコンサートにも出演している。主な著書に、スピリチュアル・サンクチュアリシリーズ『江原啓之神紀行』（1〜6）、林真理子さんとの対談本『超恋愛』（ともにマガジンハウス）、『ことたま』（徳間書店）、『傷つくあなたへ』（集英社）などがある。

江原啓之公式HP
http://www.ehara-hiroyuki.com

携帯サイト
http://ehara.tv/

※現在、個人カウンセリングおよびお手紙やお電話でのご相談は受け付けておりません。
※本書は、書き下ろし作品です。

スピリチュアル
タブー・ブック
2008年11月20日　第1刷発行
2015年 6 月15日　第5刷発行

著者　江原啓之

発行者　石﨑 孟
発行所　株式会社マガジンハウス
〒104-8003
東京都中央区銀座 3-13-10
受注センター　☎ 049-275-1811
書籍編集部　☎ 03-3545-7030
デザイン　岡 睦（mocha design）
イラスト　添田あき（表紙）
いなばゆみ（本文）
印刷・製本所　大日本印刷株式会社

ISBN978-4-8387-1925-9 C0039

マガジンハウスのホームページ　http://magazineworld.jp/